르네상스

THE RENAISSANCE

르네상스

Renaissance

폴 존슨 지음 · 한은경 옮김

을유문화사

르네상스

발행일
초판 1쇄   2003년 4월 21일
신판 1쇄   2013년 9월 20일
신판 2쇄   2020년 3월 30일

지은이 ㅣ 폴 존슨
옮긴이 ㅣ 한은경
펴낸이 ㅣ 정무영
펴낸곳 ㅣ (주)을유문화사

창립일 ㅣ 1945년 12월 1일
주소 ㅣ 서울시 마포구 서교동 469-48
전화 ㅣ 02-733-8153
팩스 ㅣ 02-732-9154
ISBN   978-89-324-7216-4 03920

차례

1
역사와 경제적 배경

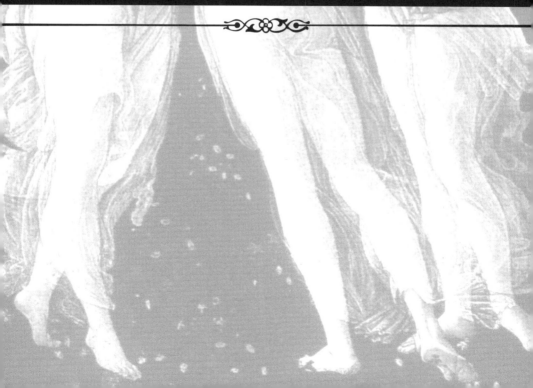

크고 작은 사건으로 이루어진 과거는 평가의 범위를 넘어설 정도로 매우 복잡하다. 역사가는 취사선택과 단순화 작업을 통해 과거의 모습을 잡아가야 한다. 과거의 모습을 정하는 방법 중에는 과거를 시대별로 구분하는 것이 있다. 더욱이 기본적인 정신을 요약할 만한 단어로 각 시대를 표시할 수 있다면 훨씬 더 이해하기 쉽고 기억하기 좋을 것이다. 바로 이런 이유에서 '르네상스'라는 용어가 탄생하게 되었다. 물론 그 시대에 직접 살았던 이들이 이 용어를 만들어 낸 것이 아니라, 그보다 훨씬 후에 작가들이 만들어 낸 것이다. 역사에 시대를 구분하고 표시하는 작업은 주로 19세기에 성행했다.

'르네상스'라는 용어는 1858년 프랑스 역사가 쥘 미슐레J. Michelet가 처음 주도적으로 사용했고, 2년 후에 야콥 부르크하르트J. Burckhardt가 「이탈리아 르네상스 문명The Civilization of the Renaissance in Italy」이라는 저서를 발표하면서 완전히 굳어졌다. 이 용어는 유럽이 '기독 국가'이던 중세 시대와 근대가 태동하던 시대간의 과도기를 표현하는 데 매우 편리했기 때문에 고착되었다. 또 당대의 이탈리아 지식층이 '르네상스', 즉 '리나시타(Rinascita : 재생)'라는 용어를 사용한 적은 없지만, 그 시대 사람들 사이에 일종의 문화적인 재창조 작업이 일어나게 되어 고대 그리스와 로마의 위대한 문학, 철학, 예술이 재창조되었다는 사실을 감안하면 역사적으로도 어느 정도 정당화가 이루어진다.

1550년 화가 조르조 바사리G. Vasari는 야심작 「예술가들의 생애The Lives of the Artists」에서 이런 과정이 회화와 조각, 건축에서 어떤 식으로 진척되었는지에 대해 기술하고자 했다. 그는 고대의 영광과 이탈리아 당대와 최근의 과거 업적을 비교하면서 그 사이의 퇴보한 시대를 '중세'라고 불렀다. 이 용어 역시 고착되었다.

이렇게 19세기에 만들어진 한 용어가 16세기에 세례를 받은 한 시대의 종말을 표시하게 되었다. 그러나 실제적인 연대기로 이야기할 때 정확히 언제 한 시대가 끝나고 다른 시대가 시작되었는가? 여기에서 우리는 르네상스의 첫 번째 문제에 봉착하게 된다. 역사가들은 유럽사에서 '근대 초기'라고 명명된 시대가 국가별로 차이는 있지만 대략 15세기 말과 16세기 초에 시작되었다는 점에 동의해 왔다.

스페인은 1492년 무어인과 유대인을 축출하면서 그라나다를 완전히 정복하고, 콜럼버스C. Columbus가 이사벨Isabel 여왕과 페르난도Fernando 왕의 지시에 따라 아메리카 대륙에 상륙하면서 근대에 들어섰다. 영국은 1485

년 플랜태저넷Plantagenet[1]의 마지막 왕인 리처드Richard 3세가 보즈워스에서 죽고 튜더Tudor 왕조의 헨리Henry 7세가 왕위에 오르면서 근대 국가가 되었다. 1494년 프랑스 왕 샤를Charles 8세가 이탈리아를 침공하면서 프랑스와 이탈리아 모두 스페인과 영국의 대열에 합류했다. 마지막으로 독일은 1519년 카를Karl 5세가 독일과 스페인, 인도 제국을 통합하면서 이 새로운 시대에 들어섰다.

그러나 이런 사건이 일어났을 무렵, 르네상스는 전반적인 개요면에서 이미 성취된 사실이었고, 예술사가들에게 '전성기 르네상스High Renaissance'라고 통용되는 절정기로 빠르게 돌진하는 중이었다. 더욱이 1517년 마르틴 루터M. Luther가 비텐베르크의 교회 문에 자신의 논문 95개를 못박으면서 유럽의 그다음 시기인 종교개혁기Reformation가 이미 시작되고 있었다. 그러므로 르네상스와 근대 초기와의 연결은 연대기적인 정확성보다는 도식적이라는 사실을 알 수 있다.

그다음 문제는 르네상스 자체의 기간을 정의하는 일이다. 르네상스라는 용어에 어떤 유용한 의미가 있다면, 이는 로마 제국이 몰락한 5세기 이후 야만적인 몇 세기에 걸쳐 손실된 고대의 미덕과 기술, 지식, 문화를 재발견한다는 데 있다고 할 수 있다. 크건 작건 간에 문화적인 재창조는 역사상 늘 되풀이되는 현상이다. 인간은 대부분 어느 사회에서나 과거의 황금 시대를 되돌아보고 복원하고자 해 왔다. 현대 고고학자들이 확실하

각주의 *는 원주이고 나머지는 역주이다.
1 1154~1485년에 잉글랜드를 다스린 왕조.

게 고대 왕국, 중기 왕국, 신 왕국이라고 구분한 고대 이집트의 오랜 문명도 중간 시대라 알려진 두 번의 몰락으로 중단되었는데, 중간 왕국과 신 왕국은 모두 그 몰락기에서 분명하고 체계적인 부흥기였다.

3000년에 걸친 고대 이집트의 문화사는 의식적인 과거 집착이라는 특징을 보였으며, 타락했다고 인정되는 고대 이집트의 양식을 대체하기 위해 이전의 예술과 건축, 문학을 의도적으로 재생하는 작업이었다. 고대 사회에서 이런 일은 공통적으로 일어난다. 기원전 4세기에 알렉산드로스 Alexandros 대왕이 세계 제국을 건설하자 그의 궁정 예술가들은 기원전 5세기의 화려한 아테네 문명을 되찾기 위해 애썼다. 그 결과 소위 헬레니즘 그리스 시대에 고대의 가치는 다시 부흥했다.

로마 역시 고결하고 창조적인 과거를 복원하기 위해 주기적으로 애썼다. 아우구스투스 카이사르 A. Caesar는 기독교 시대의 전야에 제국을 구축하면서 공화국의 고귀한 정신과 더 나아가 시의 근원을 회고하면서 도덕과 문화면에서 이를 계승하고자 노력하고 자기 체제를 정당화했다. 궁정 역사가 리비우스 Livius는 산문을 통해 과거를 부활시켰고, 궁정 서사시인 베르길리우스 Vergilius는 로마의 신성한 기원을 시로 풀어냈다. 공화국과 달리 자기 확신이 없었던 제국은 원로원의 집단적인 지혜보다는 오류에 빠지기 쉬운 독재 군주의 변덕에 좌지우지되었다. 이에 제국은 좀더 찬미할 만한 과거를 어깨 너머로 되돌아보면서 그 특성을 되살리고자 했다. 로마 제국의 지식층은 공화국을 부흥시키겠다는 생각을 언제나 마음 한 구석에 담고 있었다.

「바티칸의 베르길리우스」의 일부. 이 필사본은 기념비적인 카피탈리스 루스티카로 씌어졌는데, 이는 3, 4세기경의 쇠퇴기에 이미 사용되지 않았던 로마의 필기체 대문자를 살리려는 시도였다.

5세기에 서로마 제국이 몰락한 이후, 제국의 지위를 계승한 야만적이고 취약한 사회는 장엄한 과거의 로마를 재발견하자는 열망을 더욱 강하게 드러냈다. 바티칸 도서관에는 5, 6세기의 것으로 보이는 「바티칸의 베르길리우스Vatican Vergilius」라고 알려진 필사본이 소장되어 있다. 이 필사본은 기념비적인 카피탈리스 루스티카Capitalis Rustica로 씌어졌는데, 이는 3, 4세기경의 쇠퇴기에 이미 사용되지 않았던 로마의 필기체 대문자를 살리려는 시도였다. 베르길리우스 자신의 것을 비롯하여 여러 채식화를 장식한 화가-필경사(라벤나 출신으로 추정된다)는 분명 이보다 훨씬 전의 우수한 로마 작품을 입수할 수 있었던 것으로 보인다. 그가 최대한 능력을 발휘하여 이를 모방하고 단순화한 사건은 로마의 사라진 기술을 재생하려는 시도를 보여주는 초기의 실례이며, 그 외에도 이런 예들은 아주 많이 있다.

샤를마뉴Charlemagne 대제(프랑크 왕국의 왕, 재위 768~814)가 실질적으로 서구 유럽의 모든 기독 국가를 하나의 왕국으로 통합한 이후 의식적인 부흥 작업은 좀더 성공적으로 진행되었다. 그는 유사 천년인 800년에 소위 신성 로마 제국의 황제로 즉위했다. '신성'이라는 형용사를 사용한 이 제국은 이교도적인 선조와의 구분을 천명하고 과거 기독교로의 부활에 대한 의지를 나타냈다. 이러한 의지를 표명한 황제의 대관식은 교황 레오Leo 3세가 로마의 오래된 성베드로 성당의 크리스마스 미사 도중에 주재했다.

그러나 이 새로운 로마 황제는 로마에 거주하는 대신 제국의 중심부인 아헨에 왕궁을 세웠고, 건축 자재는 고대의 특질과 아름다움을 간직한 로마와 라벤나의 재료를 사용했다. 샤를마뉴는 아헨 왕궁이 로마의 연장선상에 있다고 자신하면서 궁정 문화를 일구어 냈다. 그는 라틴어를 배우고 그리스어도 어느 정도 습득했으며, 세계 곳곳에서 학자들을 초청했다. 학술 담당 수석 보좌관이던 알쿠인Alcuin은 샤를마뉴의 지시에 따라 「영혼의 본질에 대하여Epistola de litteris colendis」(785)를 저술하여 제국 내의 성당 학교와 수도원 학교에서 사용할 신성하거나 일반적인 모든 라틴어 텍스트를 공부할 수 있는 프로그램의 개요를 완성했다.

지식을 개관하는 작업이 확실히 필요하다고 간주되자 「카롤링 문서Libri Carolini」가 제작되어 유통되었다. 샤를마뉴 대제의 필사실과 그의 문서가 유통되던 그 외 학술 센터에서 필경사들은 후에 카롤링거 미너스큘Caro-lingian minuscule 서체로 알려진 필기체를 개발해 냈다. 이 필기체는 명확하고 아름다운 서체로서 중세 초기의 표준으로 자리매김하게 된다.

바티칸 도서관에는 샤를마뉴의 프로그램의 효과를 예시하는 두 개의 필사본이 전해진다. 그가 등극하기 직전의 작품 「젤라시오 성사집Sacramentarium Gelasianum」에는 식물과 동물이 다소 조야하기는 해도 뛰어난 솜씨로 묘사되어 있다. 고대 로마의 전례 의식과 그 외 과거의 여러 문서의 증거가 언셜uncial[2] 서체로 잘 기록되어 있으며, 샤를마뉴가 널리 보급한 서체 역시 여기저기에서 등장하고 있다. 이것이야말로 새로운 황제가 남긴 유산의 기본이었다.

이와는 대조적으로 좀더 세련된 「테렌티우스의 구약 성서Terrentius Vaticanus」는 샤를마뉴 사후 몇 년 후의 작품으로 추정된다. 섬세한 카롤링거 미너스큘 서체로만 기록된 이 책에는 테렌티우스Terentius[3]의 희곡을 연기하는 배우들이 그려져 있다. 이 책이 중세 초기의 학자들에게 테렌티우스의 글이 얼마나 친근했는가를 보여주는 점도 흥미롭지만, 분명히 도판 작업은 로마 시대의 이전 양식에 의식적으로 기초했다. 서책 오른쪽 페이지의 55면에 묘사된 배우들은 활기찬 몸짓으로 몇 세기 동안 상실되었다고 여겨진 기술을 힘있게 재현하고 있다.

카롤링거 서체의 실험에는 진정한 부흥의 특성이 어느 정도 나타난다고 할 수 있겠지만, 아직은 실험 단계일 따름이었다. 9세기의 사회에는 샤를마뉴 대제의 제국을 유지할 만한 행정적인 자원이 결여되었고, 그렇게 야심적인 문화 계획을 강화 · 확장할 수 있는 경제적 자원은 더더욱

---

2 4~8세기의 둥근 대문자 서체.
3 플라우투스 이후 가장 위대한 로마의 희극 작가.

결핍되었다. 그러나 이러한 상황을 토대로 독일의 오토Otto 왕가는 로마에서 로마 황제로 즉위하면서 이를 추진해 나갔다.

로마의 후계자라고 자칭하던 신성 로마 제국은 11세기 무렵 중세 사회의 영원한 요소로 자리를 잡으면서 고대 로마의 업적이 향수에 찬 기억에 불과하지 않고 재창조될 수 있다는 점을 상기시켜 주었다. 소위 로마네스크라는 건축 양식이 확산되자 이런 점은 시각적으로도 강조될 수 있었다. 단단하고 둥근 기둥이 반원형의 아치를 높이 지탱하는 양식을 주된 특징으로 하는 로마네스크 양식은 바로 중세 초기의 석공들과 그 고용주인 성직자들이 로마 제국 최고의 건축 양식이라고 여겼던 것이다.

교황 그레고리우스Gregorius 7세로 등극한 힐데브란트Hildebrand 수사는 오토 시대의 부흥 정책에 대해 민감한 반응을 보였다. 그는 성전법 전체를 근본적으로 뜯어고치고, 고대의 위대한 법전의 내용에서 성직자를 교육하고 윤리적으로 향상시키기 위한 야심찬 프로그램을 제정하여 세속적인 권력자들로부터 물리적, 학문적으로 해방되고자 하였다. 결국 자연스럽게 교황과 황제는 갈등하기 시작했고, 이탈리아에서 구엘프파 (Guelfs : 교황파)와 기벨린파(Ghibellines : 황제파)의 정치 군사적 투쟁은 오래 기간 지속되었다. 여기에 긍정적 측면을 꼽는다면 힐데브란트의 개혁이 그 타성 때문에 서구 기독 국가에 모두 퍼져 나갔고, 뛰어난 학자를 많이 보유한 자신만만한 성직자 계층이 생기게 되었다는 점이다.

때가 되자 이 신진 학자들 상당수는 이른바 대학교를 형성하게 되었다. 성당 학교와 수도원의 훈련부를 확장·합병한 형태인 대학교는 12세기에 파리에서 최초로 출현했다. 당시 파리에서 피터 롬바드P. Lombard는 노트르담의 성당 학교에서, 아벨라르Abelard는 생 즈느비에브에서, 그리고 휴Hugh와 리처드Richard는 생 빅토르에서 가르치고 있었다. 옥스퍼드에서도 이와 비슷한 상황이 일어나고 있었다. 12세기 중반 무렵 선생들이 독립적으로 인문학과 신학, 민법과 교회법을 시내 중심부에 모여 있는 여러 학교에서 가르쳤다는 증거가 있다. 새로운 대학들은 소위 12세기 르네상스의 핵심부였다. 특히 1120년대에 옥스퍼드에 이미 인문학 교수진이 존재했다는 사실을 통해 이런 과정이야말로 200년 후의 진정한 르네상스의 기반이 되었다는 점에서 그 의미가 특별하다.

이 원시-르네상스는 주로 지식인(성직자들만은 아니었다) 위주의 엘리트 계층이 사용하던 사제용 라틴어로 교육하고 글을 쓰고 말을 하는 면에서 질적인 향상을 가져왔다는 것이 중요하다. 더욱이 양적으로도 가히 폭발적이었다는 점에서도 중요하다. 학자와 지식인층이 점차 두터워지면서 수도원의 필경실과 시내의 세속적인 제작실에서는 필사본이 많이 제작되었다. 전문 필경사 중 화가들이 그려낸 채식화는 예술적 사고를 유통하는 수단이 되었다. 글을 깨우친 엘리트들만이 필사본과 원고를 이용했지만, 채식화의 경우는 교회의 벽화 전문 화가, 스테인드 글라스 작업자, 조각가, 석공, 그 외 장인들이 대규모 건축과 재건축 작업에 동원되면서 참고 · 이용되었다. 12세기 초에 시작된 이런 건축 계획에 의해 수천 개의 로마네스크 양식의 교회와 성당이 고딕식으로 변모되었다.

1174년 캔터베리 성당의 화재로 로마네스크 양식을 대체하게 된 새로운 성가대석에는 살해된 켄터베리 대주교 토마스 아 베켓Thomas à Becket의 성물을 모시기 위해 중층부中層部가 첨가되고 코린트식의 원주도 건축되었다. 만약 12세기 후반 기욤Guillaume de Sens의 작품이라는 문서 증거가 없었다면 이 건축은 15세기 이탈리아의 작품으로 추정될 정도이다.

새로이 대학들이 생겨나면서 고대의 가장 위대한 백과사전학자이며 체계적인 철학자인 아리스토텔레스Aristoteles가 부활할 만한 시간과 배경이 무르익게 되었다. 초기 교회 성직자들은 아리스토텔레스를 의혹의 눈으로 바라보았고, 플라톤Platon과 대비하여 그를 물질주의자로 여겼다. 반면 플라톤은 좀더 영적인 사상가이며 교회 사상의 진정한 선구자라고 간주되었다.

6세기에 보이티우스Boethius가 열정적으로 아리스토텔레스를 해석할 당시만 해도 그를 따르는 이들이 거의 없었는데, 여기에는 텍스트가 발췌문이나 교정본으로만 존재했다는 점도 한몫 했다. 아리스토텔레스의 논리학에 대한 글은 9세기부터 서구 사회에 나돌기 시작했고, 1130년경에는 완본을 구할 수 있게 되었다. 1200년경에 「윤리학Ethics」의 라틴어 번역본이 나왔고 그로부터 반세기 후에는 「정치학Politics」도 출간되었다. 그의 다양한 과학 텍스트가 아랍어로 번역되고 매우 학술적인 아랍어 주석도 동시에 나왔다.

아리스토텔레스는 이렇듯 이슬람을 거쳐 전달되었기 때문에 늘 교회로부터 이단의 가능성이 있다는 혐의에서 벗어날 수 없었다. 그러나 13세기의 위대한 철학자 알베르투스 마그누스Albertus Magnus와 토마스 아퀴나스Thomas Aquinas는 아리스토텔레스에 기초하여 「신학대전Summa Theologiae」을 완성했다. 특히 아퀴나스가 아리스토텔레스를 탁월하게 이용하면서 그리스도 신앙은 믿음에서뿐만 아니라 이성적으로도 확고한 근거를 가질 수 있게 되었다. 아리스토텔레스의 사상과 방식을 통합하게 된 이 사건은 고대 문화를 회복하려는 긴 역사에서 최초의 가장 복잡하고 위대한 행위였다. 더욱이 이 일은 르네상스가 시작되기도 전인 13세기에 일어났다.

르네상스를 형성하는 여러 요인들이 1300년 이전에 이미 존재했다면, 이 운동이 추진력을 모아 자립성을 확보하기까지 왜 그렇게 오랜 시간이 소요된 것일까? 그것은 경제적 요인과 인간적 요인을 통해 설명하는 것이 타당할 것이다.

절정기의 아테네는 매우 부유한 무역 중심지이자 해상 식민지 조직의 중심부였다. 이를 계승한 알렉산드로스 제국은 훨씬 거대하고 보다 중요한 자원을 관리했다. 알렉산드로스 제국을 동쪽 날개로 통합한 로마 제국은 이보다 더 광대했으며 비교적 근대에 이르기까지 필적할 만한 대상이 없는 자원을 관리했다. 이렇게 막대한 재원을 바탕으로 거대한 공공사업이 실시되면서 국가 차원에서 예술을 후원할 수 있었다. 또한 예술을 후원하고 직접 예술 활동에 나서기도 했던 막대한 재산가들까지 등장하였다. 로마 제국은 물리, 입법, 군사적으로 대단한 사실이었고, 막대한 재력을 획득하고 소비하는 과정에서 부수적으로 예술과 문학도 혜택을 입게 된다.

이 대단한 사실이 일단 되돌이킬 수 없을 정도로 몰락하게 되자(부분적으로) 과다 인플레(정직한 통화량을 유지하지 못한 것) 때문에 서구 제국의 경제는 전체적으로 급속하게 쇠퇴하기 시작했다. 로마 제국은 6세기와 7세기에 진창으로 빠져들었다가 그 이후에 아주 천천히 떠올랐고 또 주기적으로 후퇴했다. 그 후 서양 경제는 다시 힘을 규합하면서 고대의 그 어떤 것보다 더 유망한 것에 기초를 마련했다. 즉 그리스인들은 풍부한 창조력을 바탕으로 천재적인 과학자와 공학 기사를 창출해 냈고, 로마인들은 현대의 기준에서도 인상적이고 중세인에게는 가히 초인간적으로 보이던 규모의 건물들을 건축했다.

로마의 기념비적 특성에는 다소 의심스러운 면이 있다. 바로 두뇌의 힘보다는 근육의 힘에 기초한다는 사실이다. 요새와 도로, 교각, 거대한 수로, 화려한 정부 건물 등에서는 인간의 노동력이 가장 주요한 힘의 근원이다. 정복 전쟁으로 노예들이 언제나 거의 무한정 공급되었기 때문에 이에 대항할 만한 새로운 공학 기술을 개발하려는 의욕은 계속 꺾일 수밖에 없었다. 또한 노동 절약이 가능했음에도 로마 당국자들이 실업과 그에 따른 불만을 우려하여 노동 절약의 방식을 꺼려했다는 당혹스런 증거도 나오고 있다.

전성기 로마 공화국의 부를 고려할 때, 로마의 기술은 미비했고 그리스의 아테네보다도 못한 수준이었으며 기술의 발전도 대개 군사 영역으로 국한되었다. 해상에서도 로마는 돛의 힘보다 갤리선의 노예들에게 노를 젓게 하는 편을 더 좋아했다. 로마의 기술은 침체되어 있었고 제국 후반기에 들어서면서 인플레가 심해지자 오히려 후퇴할 정도였다. 그러나 중세 유럽은 이런 식으로 인력을 사용할 만큼의 사치를 누리지 못했다. 기독교 교육의 영향으로 노예제도는 천천히 쇠퇴 곡선을 그리다가 갑작스럽게 무너졌는데, 특히 독일 북부가 심했고 나중에는 지중해 남부에서도 같은 상황이 되풀이되었다.

둠즈데이 북Domesday Book⁴이 나올 당시 영국은 노예가 거의 사라졌다. 대부분은 정교한 봉건제도의 의무에 따라 특정한 지역의 땅에 묶여 있었으며, 이런 의무는 법으로 더욱 강화되었고 이동의 자유는 금지되었다. 농노들이 도읍에 모여 노동 시장을 형성하기가 어려운 상황이었다. 기술이 없는 노동자조차 충분하지 않았기 때문에 야심만만한 건축 계획도 늘 문제에 봉착할 수밖에 없었다.

13세기 후반 영국의 에드워드Edward 1세는 노스 웨일즈에 거대한 성을 건축하면서 고위 성직자들과 경쟁하게 된다. 당시 성직자들 역시 성당을 재건축하는 중이었기 때문에 숙련된 제도공은 물론이고 건축 인부들마저 부족했다. 이런 노동력의 부족은 국왕에게 청구되는 공사비 증가를 가져왔다. 프랑스도 사정은 마찬가지였다. 14세기 중반의 흑사병으로 서유럽의 인구는 약 25~35퍼센트 정도가 감소했고, 노동력은 더욱 부족해졌으며 농경 지대와 항구도 비슷한 상황이었다.

이런 이유들이 모두 합해지면서 중세 후기에 노동력을 감소시킬 수 있는 기계를 개발하여 인간의 노동을 대체하려는 강한 동기가 생겨났다.

---

4 중세 영국의 라틴어로 기록된 토지 대장, 1087.

중세의 발명품 중에는 매우 단순하면서도 중요한 것들이 있는데, 일륜차 wheelbarrow가 바로 그 실례이다. 특히 로마인들은 효과적으로 말을 이용하지 못했고, 말에 부착했던 일종의 멍에나 마구馬具도 대개 가슴 띠에 불과했다. 이와는 대조적으로 중세 농부들은 12세기경에 로마에서는 거의 사용되지 않았던 굴대와 (마구의) 끄는 줄을 개발했다. 또 비능률적인 가슴 띠 대신에 딱딱한 패드가 들어 있는 말 목걸이horse collar를 이용하여 말의 끄는 힘을 다섯 배나 늘렸다.

프랑스에서는 무거운 갑옷으로 무장한 중세 기사를 지탱하기 위해 이전보다 훨씬 강한 말이 사육되었는데, 이 말이 바로 현대의 짐마차 말의 선조가 된다. 이 힘센 동물들은 소를 대체하여 농업 생산성을 두 배 이상 늘렸고, 농부들이 나무 쟁기를 철제품으로 바꾸면서 생산성은 더욱 증가했다. 말들은 앞 굴대가 회전되고 이전보다 효과적인 오목한 바퀴가 달려 있어 효과적으로 짐을 운반할 수 있는 더 큰 짐마차를 끌었다. 14세기 영국에서 짐마차 운임비는 일일 왕복이 가능한 지역의 경우, 1톤당 1마일에 1페니로 떨어졌고 더 많은 교량이 건축되면서 육상 교통이 처음으로 수상 운송과 경쟁할 수 있게 되었다.

로마는 수력 방앗간에 대한 지식을 이용하여 몇몇 커다란 표본을 만들기도 했지만, 방앗간보다는 노예와 당나귀, 말을 더 좋아하는 편이었다. 베스파시아누스Vespasianus(로마의 황제, 재위 69~79)는 수력을 확장할 경우 사람들에게 일거리가 없어지기 때문에 이에 반대한다는 발언까지 했다. 또한 철이 부족했기 때문에 비효율적인 목재 도구를 대체하는 것을 꺼리

근대 범선 카라벨의 모습. 풍차에 힘을 공급하는 복잡한 풍차 날개와 선박의 돛의 발전은 서로 연결되어 있다. 해상 운송의 발전으로 무역이 발달하였고, 부가 축적될 수 있었다.

는 경향도 있었다.

중세에 들어서면서 철 생산이 꾸준히 증가했고 도구를 포함한 여러 용도에서 철이 더 저렴하게 이용되었다. 중세의 대장간에서 처음으로 주철이 생산되면서 모든 종류의 힘을 도구화하는 데 매우 유용하게 사용되었다. 그 결과 물방앗간도 수천 개가 생겨났다. 둠즈데이 북에는 영국의 트렌트 남쪽 지방에 물방앗간이 5,624개가 있다고 기록되어 있다. 수력 방앗간은 목재를 톱질하고 광석을 분쇄하고 금속을 연마하는 데 사용되었다. 강을 관리하는 매우 복잡한 법이 제정된 것을 보면 방앗간이 어디에나 있었고 또 중요했다는 것을 알 수 있다.

더욱이 12세기 이후 수력에 풍력이 가세하면서 중장비 금속 연마 기계류를 돌리는 데에도 사용되었다. 로마 시대에는 알려지지 않았던 유형의 풍차가 많이 만들어졌고 그 중에는 엄청난 규모의 것도 있었다. 네덜란드에는 풍차가 8,000개나 있었는데, 풍차는 곡물을 가는 것은 물론 양수기로도 사용되어 배수법을 통해 경작 지대를 확장하기도 하였다. 이런 현상은 유럽 각지 전역에서 일어났다.

풍차에 힘을 공급하는 복잡한 풍차 날개와 선박의 돛의 발전은 서로 연결되어 있다. 여기에서 중세 항해사들이 주로 노를 이용한 갤리선에 의존하던 로마의 해상 수송 방식을 크게 발전시킨 이유가 설명된다. 전적으로 돛으로만 움직이는 톱니는 13세기에 등장했으며, 주로 한자동맹의 북부 해안 가에 집중되었다. 14세기에 포르투갈의 카라벨caravel[5]이 그 뒤를 이었다.

카라벨은 돛대가 두서너 개 달려 있고 다중 갑판과 커다란 선체와 큰 삼각 돛을 갖춘 배로서 근대 범선에 해당한다. 이 배의 무게는 600톤 이상 나가는 경우가 대부분이었고 거기에 짐까지 실어날랐다. 이 선박은 대서양을 횡단할 만한 능력이 있었고 결국에는 자석 나침반과 자동 계시기, 항해도의 발명 같은 끊임없는 기술의 진보로 대서양을 횡단했다.

혁신적인 해상력과 육상 수송의 발전으로 유럽의 내외 무역은 각 세대마다 두 배씩 증가되었다. 그러나 특히 동양과의 해외 무역으로 페스트는 점점 더 퍼져 나갔고 흑사병(1347~1351), 즉 페스트 등의 발발로 인구는 격감했다. 그렇지만 페스트 때문에 부의 축적 과정이 저해되었다는

---

5 큰 삼각 돛을 단 범선의 한 종류.

증거는 그 어디에도 없다. 오히려 인력을 사용하지 않은 힘과 금속, 노동 절약 장치를 사용해야 한다는 동기가 더 많이 부여되어 궁극적으로 그 과정이 더욱 가속화되었다. 또 무역이 팽창하면서 부수적인 사업이 생겨 났다. 예컨대 보험이나 은행업 등이 계속 확장되었고 부기의 복식 기장법 등도 발명되었다.

중세 후기에 대규모의 상업과 은행업을 전문화한 베네치아나 피렌체 등의 도시에 집중된 부는 역사상 그 어느 때보다 증대되었다. 이런 도시들은 주로 북유럽 지대와 라인강 유역, 이탈리아 북부와 중부 지방에 몰려 있었다. 부가 축적되면서 부를 소유한 사람들은 문학과 예술을 후원하여 자의식을 만족시켰다. 또 왕과 교황, 군주 등이 여기에 합류하여 신민臣民들에게 새로운 부에 대한 과세 방식을 찾아내기도 하였다.

그러나 재력만으로는 소위 르네상스라는 현상이 일어나지는 못했을 것이다. 돈은 예술을 지배할 수 있지만 예술을 창조해 낼 장인이 없다면 돈도 아무런 소용이 없다. 다행히 유럽에서 중세 후기에 중간기술 시대 (근대 경제학자들의 호칭)로 들어선다는 증거는 어디에나 있다. 특히 북유럽 지대와 독일, 이탈리아 등에서 수천 곳의 작업장이 생겨났다. 이런 작업장들은 각기 돌과 가죽, 금속, 나무, 석고, 화학 약품, 직물 등을 전문적으로 만들어 냈고 사치스런 물건과 기계류를 다양하게 생산했다. 근대 초기의 시작을 알리는 문화의 거대한 확장에 책임이 있던 화가와 조각가, 건축가, 작가, 장식가, 선생, 학자들은 주로 이런 작업장에서 일하던 집안에서 배출되었다.

중간기술 시대가 성장하면서 이러한 문화적인 확산에 직접적이고도 폭발적인 영향력을 행사하는 사건이 일어나게 된다. 당대까지의 역사를 통틀어 가장 중요한 문화적 사건은 바로 인쇄업이 발명되어 놀랄 정도로 빠르게 전파된 것이다. 로마인들은 많은 문헌을 생산하는 과정에서도 다른 분야와 마찬가지로 굉장히 보수적이었다. 그들은 종이를 접고 잘라서 함께 꿰매고 하나로 제본한 필사본에 대해 알고 있었지만, 그보다는 구태의연한 두루마리 형식을 책의 규범 형식으로 여겼고 이에 더 애착을 가지고 있었다. 반면 초기 기독교인들은 필사본을 좋아했고, 이른바 암흑 시대에 들어서면서 매우 정교한 필사본이 두루마리를 대체하게 된다. 기독교인들은 필사본을 제본하기 위해 로마에서 포도 짜는 기구를 들여오기도 했다.

로마인들은 원래 파피루스에 글을 썼다. 파피루스는 나일 강 인근에서 자라는 풀잎을 말린 것으로 바로 여기에서 '페이퍼'라는 용어가 나왔다. 기원전 200년에서 기원후 300년 사이에 파피루스는 송아지 피지로 대체된다. 송아지 피지란 송아지 가죽을 석회에 담가 두었다가 칼과 경석으로 부드럽게 만든 것이다. 양이나 염소의 가죽으로 만든 양피지도 사용되었다. 송아지 피지는 사치스러운 재료이지만 반영구적이었고, 최고의 원고를 위해 중세 내내 이용되었다. 송아지 피지는 심지어 르네상스 시대의 인쇄물에도 사용되었다.

그러나 만족스러운 원고 형태의 결과를 얻기 위해서는 특별한 주의가 필요했다. 양피지는 송아지 피지보다 저렴한 편이었고 반영구적이어서

20세기 중엽까지 입법 문서에 사용되었다. 송아지 피지와 양피지는 중세에 모두 종이로 대체되는데 종이는 원래 천-양피지cloth-parchment라고 불리기도 했다. 밀짚이나 나무, 리넨, 무명 등 섬유질이 많은 물질을 펄프로 만든 후 그 천을 철제 얼개 위에 펼치는 산업적인 과정이 수반되었다. 종이는 중국에서 이슬람을 거쳐 스페인과 시칠리아로 전해졌다.

1150년경에 스페인은 원래 인쇄 과정을 개선하여 손으로 돌리는 인쇄 공장을 만들고 수레와 태핏(tappet : 凸字)을 이용하여 약절구의 절굿공이를 들어올렸다 떨어뜨렸다 하는 방식을 채택했다. 13세기경에 종이 공장은 수력을 이용했고, 산업의 중심지는 이탈리아로 이동했다. 1285년경 이탈리아는 철사 모형을 바느질하여 주형으로 만들어 투명 무늬를 만들어 낼 수준이었다. 종이는 효율적으로 생산되었고 당대까지 그 어떤 필기 재료보다 저렴해서, 무역 후진국이던 영국에서도 15세기경에 종이 1장(8절판)의 가격이 겨우 1페니였다.

활자체를 이용한 인쇄 발명이 르네상스의 중요한 기술적 사건으로 부상하는 과정에서 저렴한 종이의 대량 구입은 가장 중요한 요인이었다. 목판을 이용하여 인쇄한다는 것은 오래된 아이디어였다. 로마인들은 이 기법을 직물에 적용하였고 몽골 제국은 종이돈을 만드는 데 사용하기도 하였다. 1400년 무렵에는 (놀이)카드와 성인들의 그림이 베네치아와 독일 남부 지방에서 인쇄되었다. 무엇보다 활판 인쇄기를 위한 활자의 발명이 중추적인데, 이는 세 가지 면에서 장점이 있었다. 우선 닳을 때까지 반복해서 계속 사용할 수 있고, 주형에서 주조되기 때문에 쉽게 재생할 수 있으며, 글자를 쓰는 데 엄격한 균일성이 적용되었다.

마인츠 출신의 금세공인 요하네스 구텐베르크J. Gutenberg와 요한 푸스트 J. Fust가 1446년~1448년 사이에 활자를 만들었다. 1450년 구텐베르크는 성경을 인쇄하기 시작했다. 1455년 완성되었으며,「구텐베르크 성경」또 는「42행 성경」(한 페이지당 행수)이라 불리는 이 성경은 세계 최초의 인쇄 서책이다. 구텐베르크는 구멍을 뚫고 활자체를 확립한 후 활자를 구성하 고 종이와 잉크를 정판整版하여 실제 인쇄에서 발생할 수 있는 문제를 모 두 해결한 상태에서 개정된 나사 프레스screw-press를 이용하기도 했다. 그 결과 제작된 책을 처음 본 사람들은 그 선명성과 품질에 감탄했다. 한창 물이 오른 15세기 독일 장인의 승리였다.

활자를 이용한 인쇄법은 독일의 발명품으로, '이탈리아 르네상스'라는 꼬리표를 무색하게 만들었다. 독일인들은 이 새로운 기회를 발빠르게 이 용하여 특히 성서 등의 종교 서적과 참고문헌, 희귀 고전본을 인쇄하는 데 사용하였다. 최초로 인쇄된 백과사전인「카톨리콘Catholicon」은 1460년 인쇄되었고 그 다음 해에 슈트라스부르크의 인쇄업자 요한 멘텔린J. Mentelin은 평민을 위한 성경을 인쇄했다. 그는 이후에 독일어 성경도 펴냈 는데, 이 책은 자국어로 인쇄된 최초의 책이다.

자체 인쇄기가 1464년 쾰른에, 2년 후에는 바젤에 도입되었다. 바젤은 곧 고전 학술 저서 출판지로 유명해졌고, 이후에 네덜란드 인문주의자 데시데리우스 에라스무스D. Erasmus(1469~1536)가 고전 학술 출판의 고문 이 되었다. 뉘른베르크는 1470년 최초로 인쇄기를 도입한 후 곧 국제 인쇄업의 초기 중심지가 되었고, 안톤 코베르게A. Koberger가 24대의 인쇄기를 돌리면서 유럽 전역의 무역상 및 학자들과 교류했다고 한다. 아우크스부르크에서는 새로운 인쇄기가 유럽에서 가장 유명한 필경실이 자리했던 성울리히 수도원 인근에 도입되었다.

그러나 필경실과 새로운 인쇄기 사이에는 상업적인 충돌이 거의 없었던 것으로 보인다. 필경실은 점점 더 복잡해지고 아름다움을 추구하는 사치스런 책을 전문으로 삼았고 유명한 화가들이 삽화를 넣는 경우도 빈번했다. 반면 인쇄기는 저가 대량 생산에 주력하였다. 인쇄라는 새로운 세계에서 최초의 베스트셀러는 토마스 아 켐피스Thomas à Kempis의 「그리스도를 본받아Imitatio Christi」였는데, 1471년부터 1500년까지 30년간 무려 99판을 냈다고 한다.

이탈리아는 처음으로 인쇄업에 뛰어든 것은 아니었지만, 거대한 종이 제작 산업과 목판 인쇄술의 경험, 강력한 필경실의 전통이 결합되면서 이 새로운 기술에서도 곧 주도권을 거머쥐게 된다. 독일과 관계가 있던 로마 인근의 수비아코 베네딕투스 수도원은 1464년부터 1465년까지 독일 인쇄업자인 슈벤하임Sweynheym과 파나르츠Pannartz에게 필경실과 함께 인쇄기를 설치하라고 위탁하였다.

그런데 독일의 인쇄기는 국제 무역에서 아주 중요한 단점이 하나 있었다. 구텐베르크와 그 외 독일 인쇄업자들은 15세기 중반의 공식 서체인 독일 고딕 필기체를 모델 삼아 활자체를 만들었던 것이다(후에 영국에서는 '검은 활자'체로 알려졌다). 하지만 독일 밖의 독자들은 이런 서체를 좋아하지 않았고 이해하기도 어렵다고 생각했다. 수비아코의 독일 인쇄업자들은 15세기 이탈리아 인문학자들이 사용하던 표준 필기체이자 아주 분명한 카롤링거 문자에 기초하여 새로운 활자를 만들라는 지시를 받았다. 나중에 로마자라고 알려지게 된 이 활자야말로 진정한 르네상스의 자체字體이다.

1468년 프랑스의 샤를 7세는 투르의 왕립 조폐국장이던 니콜라스 장송N. Jenson을 마인츠로 보내 새로운 인쇄 기술을 배우게 했다. 그러나 장송은 프랑스로 돌아오는 대신 여생을 베네치아에서 보내면서 세계에서 가장 유명한 인쇄기를 만들어 냈다. 그가 만들어 낸 훌륭한 로마자는 유럽 전역에서 모방하게 된다. 1490년부터 그의 인쇄기는 베네치아의 알도 마누치오A. Manuzio 인쇄기와 경쟁했다.

마누치오는 실용적인 그리스 활자를 도안하여 고대 텍스트를 원문 그대로 인쇄하는 한편 15세기 교황 재판소에서 사용되던 필기체의 기초 활자도 보급했다. 오른쪽으로 경사가 심하게 올라간 것과 과장된 장식선이 특징인 이 활자체는 후에 이탤릭체로 알려졌다. 그가 이 활자체를 처음 사용할 당시인 1501년에는 전부 대문자 활자uppercase뿐이었다. 1520년경에 뒤이어 소문자 활자lowercase가 생겨났고 완전히 이탤릭체로만 제작된 책도 등장했지만, 이는 뒤에 강조와 대조, 인용 등의 근대적인 역할을 전담하게 된다.

인쇄술이 빠르게 보급되고 제작물이 양적으로나 질적으로 발전하고 기술적인 독창성이 특별히 발휘되면서 일종의 산업 혁명이 이루어지게 되었다. 책이 최초로 인쇄되고 반세기도 되기 전인 1500년경 60개의 독일 성읍에 인쇄 회사가 생겨났고 베네치아에만 인쇄기가 150대 있었다. 독일의 장인들은 1470년 네덜란드의 위트레흐트, 1473년 헝가리의 부다페스트, 그리고 1474년에는 폴란드의 크라코프에 인쇄기를 보급했다. 1473년에는 스페인의 발렌시아에 인쇄업이 도입되었고, 25년 후에는 추기경 프란시스코 히메네스 데 시스네로스Francisco Jim nez de Cisneros(1436~1517)의 후원 아래 스페인은 현재에 이르기까지 가장 주목할 만한 책을 찍어내기 시작했다. 바로 「콤플루툼 대역성서Complutensian Polyglot Bible」이다. 이 텍스트에서는 다섯 개의 고대 언어(히브리어, 시리아어, 라틴어, 그리스어, 칼데아어)가 나란히 세로로 인쇄되었다.

한편 마누치오는 가난한 학자들을 위해 저렴한 라틴어 텍스트를 인쇄했다. 시장이 점차 팽창한 데에는 모국어를 이용한 인쇄업의 확산이 한 원인이 되었다. 쾰른에서 인쇄업을 공부하고, 1474년 브뤼주에서 자신의 최초의 인쇄기를 작동시켰던 윌리엄 캑스턴W. Caxton은 1476년 모국어 독자를 염두에 두고 영국으로 인쇄기를 들여왔다. 그가 출판한 약 90권의 책 중에서 74권은 영어로 씌어졌고, 그 중 22권은 그가 직접 번역한 것이다.

인쇄 서책업은 유럽 전역에 걸쳐 최초의 효율적이고 혁신적인 산업이라 할 수 있다. 1466년에는 책 광고가 등장했고 출판업자의 도록도 그 뒤를 이었다. 더욱이 양적인 영향력은 가히 압도적이었다. 인쇄업이 발전하기 이전에는 아무리 규모가 큰 도서관이라 하더라도 기껏해야 600권

정도의 책을 소장했고, 유럽 전역의 장서 수는 10만 권에 불과했다. 그러나 1500년경 인쇄된 책이 등장하고 45년이 지난 후, 책의 총수는 900만 권에 이르렀다.

　세계 역사상 최초의 부가 점차 축적되어 성장·확산되고, 중간 기술을 규범으로 삼는 사회가 부상하는 중에 언어가 인쇄되고 분배되는 방식의 놀라운 혁명이 일어나던 상황이 바로 소위 르네상스의 배경이 된 것이다. 그렇다고 르네상스가 기술적인 사건이나 경제적인 사건이라는 의미는 아니다. 경제적·기술적인 발전이 없었더라면 르네상스는 그런 형식을 취할 수 없었기 때문에, 무엇보다 물리적인 배경을 설명할 필요가 있었다. 그러나 르네상스는 주로 인간의 사건이며, 여러 괄목할 만한 재능(거의 천재적인 재능을 포함하여)에 의해 추진되었다. 이제 사람의 배경에 눈을 돌려 작가들을 살펴보기로 하자.

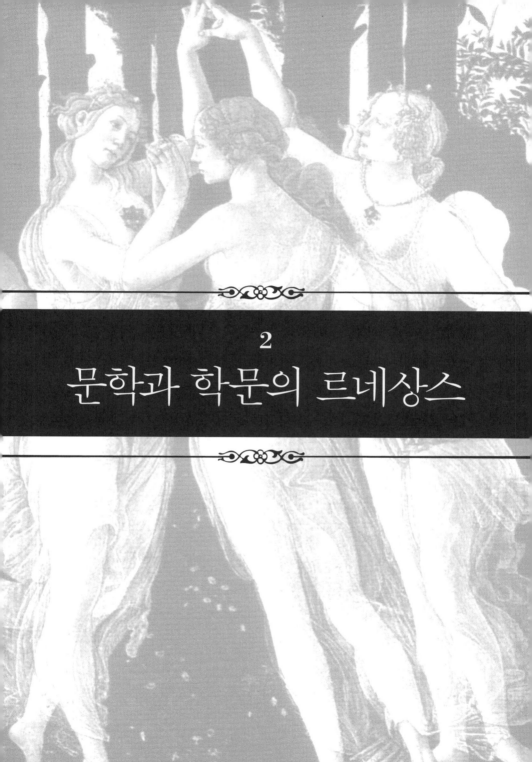

2

문학과 학문의 르네상스

르네상스는 개인들의 작업이며 어떤 의미에서는 개인주의에 관한 것이라 할 수 있다. 이런 개인 중에서 최초의 그리고 가장 위대한 개인은 바로 알리기에리 단테A. Dante(1265~1321)이다. 단테는 피렌체 출신이었다. 르네상스에서 그 어느 도시보다 피렌체의 역할이 매우 중요했기 때문에, 그가 이곳 출신이라는 점이 당연하게 생각된다. 그는 르네상스의 중심적인 패러독스를 구체화한다. 르네상스는 고대 그리스와 라틴어 텍스트를 복원하여 이해하고, 세련된 라틴어로 글을 쓰는 일이다. 동시에 자국 언어, 특히 이탈리아어를 완성, 정리하고 이용하는 일이기도 하다.

단테의 어린 시절에 대해서는 18살이 되기 전에 부모를 잃었다는 사실을 제외하면 거의 알려진 바가 없다. 그는 12살에 약혼하고 1293년 28살 때 결혼했는데, 전형적인 이탈리아 방식으로 보면 이 일은 감정이 거의 개입되지 않은 집안일에 불과했다. 그의 감정적인 인생은 그가 9살 되던

1274년에 시작되었다. 당시 그는 처음으로 자신의 베아트리체Beatrice(명망 있는 피렌체 시민의 딸인 베아트리체 포르티나리)를 보았다고 한다. 그는 자신의 시적인 인생을 그녀의 존재에 바쳤고, 1290년 그녀가 죽은 후에는 그녀를 기억하는 데 바쳤다. 어떤 의미에서 그의 전 생애와 작품은 모두 그녀에게 바쳐졌다고 하겠다.

단테의 교육 과정에는 핵심적인 요인이 세 가지 있다. 그 첫 번째는 1290년대에 그가 함께 공부하던 피렌체의 도미니코회이다. 당시 도미니코회의 위대한 선생이자 작가인 토마스 아퀴나스가 죽은 후 그의 연구가 완성되었기 때문에, 단테는 아퀴나스가 수용하고 기독교화한 아리스토텔레스의 모든 철학에 전념할 수 있었다. 그는 토마스 아퀴나스의 아리스토텔레스주의를 자신의 모든 작품의 근간으로 삼아 내부적인 일관성과 학문적인 엄격성을 유지할 수 있었다.

두 번째로 단테에게는 고전학자 브루네토 라티니B. Latini라는 스승이 있었다. 그 역시 아리스토텔레스주의자였다. 그는 주요 저서인 「백과사전 Li Livres dou Trésor」(당시에는 이탈리아어가 진지한 연구에는 부적절하다고 간주되었기 때문에 프랑스어로 기술되었다)의 제2권의 첫 번째 부분에 아리스토텔레스의 「윤리학」을 번역했는데 이는 유럽 언어로 처음 번역된 것에 속한다. 단테가 수사학, 즉 격格을 제시하고 라틴어(아니면 다른 어떤 언어라도)를 힘 있고 우아하게 사용할 수 있는 능력이 얼마나 중요한가를 이해할 수 있었던 것도 바로 라티니 덕택이었다. 그는 라티니를 통해 키케로Cicero와 세네카Seneca의 작품을 부분적으로나마 알게 된다. 베르길리우스와 특히 그의 「아이네이스Aeneid」(호메로스Homeros의 「일리아스Iliad」와 「오디세이아 Odyssey」의 서사적인 후속작)는 암흑 시대라는 좀더 괴로운 시대에서도 완전히 사라지지 않았으며, 이를 옹호하는 기독교인이 늘 있었다. 그러나 성 제롬St. Jerome이나 성 아우구스티누스St. Augustinus 등 비중 있는 인사를 포함하여 여타 기독교인들은 베르길리우스를 이교도의 원형이라고 비난했다. 라티니는 단테에게 앞으로 베르길리우스가 이용되는 것은 물론이고 즐길 수 있을 것이라고 말했다. 단테는 「아이네이스」의 기독교 후속작이라 할 수 있는 「신곡La divina commedia」에서 베르길리우스를 감옥과 연옥으로 인도하는 안내자로 등장시키지만, 정통 기독교인이던 그는 결국 이 라틴 시인을 천국에서 쫓아내고 지옥의 변방에 가라앉게 만든다.

단테 교육의 세 번째 요인은 그의 친구이자 거의 동년배이던 카발칸티 Cavalcanti였다. 카발칸티는 고전 학자였지만 열정적으로 이탈리아어를 장려했고, 단테에게도 토스카나어나 피렌체 방언으로 글을 쓰라고 설득했다. 그래서 단테는 이탈리아어로 「향연Convivio」을 썼다. 또한 라틴어로 씌어진 「방언에 대하여De vulgari eloquentia」에서는 모국어가 아름다울 뿐만 아니라 비중 있는 작품에 적절한 언어라면서, 르네상스 시대에 처음으로 대단하게 옹호했다.

「방언에 대하여」에는 이탈리아어의 미래를 예언하는 부분이 있다. '이 것은 새로운 빛, 새로운 태양이 될 것이며, 닳아 버린 것이 지고 나면 그후에 떠올라 어둠과 그림자 속에 있는 이들에게 빛을 줄 것이다. 오래된 태양이 빛을 주지 못했기 때문이다.' 대중은 라틴어를 결코 제대로 이해하지 못했겠지만, 평상시에 사용하는 구어를 읽는 법은 배울 수 있기 때문에 그의 이러한 예언은 날카로운 인식이었다.

그의 이런 단언보다 더 중요한 것은 바로 「신곡」을 통해 드러나는 증거들이다. 전부 이탈리아어로 써진 「신곡」은 평범한 토스카나어로 가장 절묘한 시를 쓰고, 가장 중요한 의미의 문제를 다루는 데 사용될 수 있다는 점을 보여 준다. 단테 이전에 토스카나어는 이탈리아의 한 방언에 불과했고, 이탈리아 반도 전역에서 인정되는 문자 언어는 없었다. 그러나 단테 이후 (토스카나 방식의) 문자 언어는 기정 사실화되었다. 21세기의 이탈리아인들이나 이탈리아어를 조금 아는 외국인들 모두 「신곡」 대부분을 그다지 어렵지 않게 읽을 수 있을 것이다. 근대 언어에서 단테보다 더 결정적으로 영향력을 행사한 이는 없었다.

단테의 「신곡」은 지옥과 연옥 그리고 천국을 여행하면서 본 내용을 기술한 기독교적인 서사시로서 악덕과 미덕, 보상과 처벌에 대한 내용을 담고 있다. 엄청난 수의 등장 인물은 대다수가 단테의 동시대 사람들이다. 1294년 그는 피렌체의 정치에 휩쓸리게 되었다. 당시 피렌체는 매우 정치적이며 헌신적인 구엘프파, 즉 교황파의 도시였지만, 피렌체 자체는 대개의 이탈리아 도시와 마찬가지로 양당 체제였다.

단테는 극도의 승리주의자 교황 보니파키우스Bonifacius 8세에 반대하는 당에 속했다가 정쟁에서 패배하여 1301년 추방되었고, 이 판결은 1315년 갱신되었다. 이탈리아 도시의 당파 싸움은 악의적이고 치명적이었다. 단테는 재산을 몰수당했으며, 만약 시로 되돌아온다면 화형될 것이라는 선고까지 받은 상태였다. 그리하여 그는 주로 라벤나에서 망명 생활을 하다가 생을 마치게 되었다. 그는 구슬픈 시에서 '다른 사람의 빵을 먹고 다른 사람의 계단을 이용하여 침대에 올라가야'[1]하는 말년의 삶에 대한 고통을 잘 드러내고 있다.

그러나 그의 위대한 「신곡」에서 이런 신랄함은 거의 찾아볼 수 없다. 단테는 보기 드물게 도량이 넓었고 개인뿐만 아니라 인류 전체를 아우르는 사랑을 품고 있었다. 그는 우주를 가득 채우고 의미를 부여하는 하

안드레아 델 카스타뇨가 그린 단테의 모습. 전부 이탈리아어로 써진 「신곡」은 평범한 토스카나어로 가장 절묘한 시를 쓰고, 가장 중요한 의미의 문제를 다루는 데 사용될 수 있다는 점을 보여준다.

느님의 사랑의 본성도 이해하였다. 그의 시는 도덕적이고 교훈적이며, 중세 성당의 거대한 제단 뒤의 장식처럼 평범한 편이다. 그는 기독교 신앙을 경외하면서 진지하게 수용했고, 연옥의 고통이나 저주받은 이의 고통도 도외시하지 않았다. 이런 점에서 그는 중세인이며, 분명 큰 인물이었지만 교회에서 정의하는 우주의 역학에 대해서는 전혀 의심하지 않았다. 반면 엄청난 재주의 이야기꾼이며 천재적 시인이었다. 그의 이야기는 빠르게 진행되고 재미있고 놀랍고 무서운 사건으로 가득하며, 생생한

---

1 이탈리아의 침대는 보통 서너 계단을 올라가야 할 정도로 높다.

언어적 색채가 번득이기 때문에 '재기'라고 불릴 수밖에 없다.

더욱이 단테는 중세인인 동시에 르네상스인이기도 했다. 그는 자신의 뒤를 따른 수많은 학자들과 마찬가지로 교회에 매우 비판적이었다. 그는 교황파면서도 독일 황제 헨리 7세에게 감명을 받았다. 헨리 7세는 1310년 이탈리아에 왔다가 단테에게 보편적인 군주주의라는 개념을 받아들이게 했다. 그는 이를 라틴어 논문 「군주론De Monarchia」에 표현했지만 그가 죽은 후에 이 내용은 이단으로 비난받았다.

단테는 대단한 신앙심을 가지고 있었고, 개인적인 평화를 누리기 위해서는 때때로 아무리 힘들지라도 신의 의지에 복종해야 한다는 중세 기독교 국가의 요점을 잘 알고 있었다. 그는 사물의 본질을 날카롭게 통찰했다. 가난하건 부자이건 교육을 잘 받았건 못 받았건 사람들은 누구나 그에게서 무엇인가를 찾을 수 있었고, 경탄하면서 그의 시를 읽거나 들었다. 그가 죽은 후 찾아온 명성은 점차 커져 갔다. 과거 그를 추방했던 피렌체는 이제 값어치가 뛰어오른 명예로운 그의 유골을 차지하기 위해 라벤나와 싸움을 벌여야 했다.

단테는 이탈리아 언어를 높은 예술의 매개체로 삼았고, 더 나아가 능력 있는 개인들이 창조적으로 노력하는 새로운 시대인 르네상스 자체를 시작했다고도 할 수 있다. 베르길리우스가 그랬듯이 그는 전형·등대·스승이 되어 재주가 남보다 못한 이들을 격려하고 생기를 불어넣는 근원이 되었다. 또 아무리 야심만만한 사람이라도 자신을 측정할 수 있는 척도로 삼을 만한 거인으로 우뚝 솟아올랐다. 단테 이후에는 인간이 도달하지 못할 것이 거의 없어 보였다.

또 다른 토스카나인 조반니 보카치오G. Boccaccio의 견해도 바로 그러했다. 그는 단테가 아직 살아 있던 1313년 태어났고, 상인이던 아버지를 따라 사업가가 되기 위해 나폴리로 향했다. 여기에서 그는 단테와 마찬가지로 자신의 일생의 사랑이 될 피아메타Fiammetta를 만났다. 그녀는 마치 글을 지우고 그 위에 새로 글을 쓰는 양피지처럼 그의 모든 작품에 나타난다. 그는 단테의 후계자로서 새롭게 성숙해진 언어를 자유자재로 이용할 수 있었고 이야기꾼으로서도 뛰어났다. 프랑스인이던 어머니의 영향으로 그는 자신의 작품에 프랑스 중세 로망스의 유산을 수용한다.

보카치오는 음유시인의 8행시체를 채택하여 그것에 문학적인 위상을 부여하고 이탈리아 문학에서 가장 역동적인 시의 형식으로 격상시켰다. 「신곡」에만 뒤질 뿐 르네상스 유럽에서 즐거움의 원천이 되었던 그의 「데카메론Decameron」은 1348년 발발한 흑사병의 소산이라 할 수 있다. 보카치오는 전염병을 피하기 위해 피렌체에서 7명의 젊은 여인과 3명의 청년을 도망가게 했다. 그들은 시골에서 이주일을 머무르면서 그 중 열흘 동안 총 100개의 이야기를 만들었는데, 각 이야기는 칸초네canzone, 즉 노래로 끝난다. 이 작품은 이야기와 운문의 요약본이며, 그 후 2세기 동안 창조력이 모자란 영혼들은 영감을 얻기 위해 이 글을 샅샅이 뒤져보았다. 교회와 기존 사회의 엄격한 계층에서는 이 작품이 과거의 형식주의와 고루한 생각에 대비하여, 젊은 세대의 생활양식과 의견에 좀더 자유로이 접근한다고 판단하고 이를 좋아하지 않았다. 그리고 나머지 사람들은 바로 이런 이유로 이 작품을 좋아했다. 이 작품은 '진보적인' 책이며 점차 세를 더해 가는 르네상스 성향의 전조였다.

보카치오는 전형적인 르네상스인답게 여러 다양한 일들을 기술적으로 빼어나게 수행해 냈다. 그는 시市의 고문으로 일했고 독일과 교황 대사로도 활약하였다. 그는 시류에 영합하고 아첨할 줄도 알았지만 무엇보다 작가이자 학자였다. 또한 엄청난 에너지를 쏟아부으며 일했기에 대단한 결과를 보여주었다. 지난 40년간 일단의 이탈리아 학자들은 그의 작품을 모은 거대한 전집을 제작해 왔고, 비평적인 수단을 모두 동원하여 (아마도 처음으로) 그의 작품의 규모와 범위를 밝히고 있는 중이다. 그의 최초의 소설 「필로콜로Filocolo」는 한때 시시한 작품으로 여겨졌지만 실제로는 유럽 전역에서 독자층을 형성했던 책으로 인쇄면이 600면이 넘는 대작이다. 그는 「데카메론」에 버금 가는 9편의 소설을 이탈리아어로 썼다. 그가 경의를 표하면서 기록한 단테의 일대기는 여러 판과 축약본의 형식으로 광범위하게 유통되었다.

그러나 그는 단테라는 대가보다는 떠오르는 고대 문헌에 더 많은 관심이 있었다. 1360년과 1362년에 그는 레온치오 필라토L. Pilato에게 거처를 마련해 주고, 피렌체 대학의 전신이던 피렌체 스투디오에서 그리스어 강사로 일하도록 주선해 주었다. 그는 필라토에게 호메로스의 작품을 라틴어로 대충 번역하게 했는데, 이는 그를 위시하여 많은 이들(페트라르카를 포함하여)이 그리스 고전 문학으로의 여행을 시작하는 수단이 되었다. 보카치오는 마르티알리스Martialis, 아풀레이우스Apuleius, 바로Varro, 세네카, 오비

디우스Ovidius와 타키투스Tacitus의 진본을 복원하는 과정도 도와주었다.

사실 타키투스를 재발견한 것은 주로 보카치오의 공로였고, 그는 또한 리비우스의 글을 이탈리아어로 번역하기도 했다. 그는 거대한 고전 백과사전 두 권을 포함하여 여러 권의 참고서도 제작했다. 백과사전 중 한 권은 그리스와 라틴어 문학에 언급되는 숲과 샘, 호수, 바다 등의 장소를 모두 알파벳순으로 배열한 고대 세계의 지형학이다. 이 작업을 위해 그

안드레아 델 카스타뇨가 그린 보카치오의 모습. 보카치오의 작품은 예술가들이 그려낸 기독교의 독점적인 이야기에 진정한 도전이었다.

는 플리니우스Plinius와 폼포니우스 멜라Pomponius Mela, 비비우스 세퀘스터 Vibius Sequester 등 여러 로마 지리학자와 고전 텍스트를 참고했고, 베르길리우스의 출생지인 페톨라 등에 대해 상세하고도 열정적으로 설명하였다.

그의 대규모 편집물인 「이교도 신들의 계보학The Genealogies of the Pagan Gods」은 이보다 더 중요한 업적이었다. 이 작품에는 고대 고전에 언급되는 혼란스러운 신들이 모두 분류되어 있는데, 그가 텍스트를 잘못 읽거나 오해하는 바람에 완전히 새로운 신이 창조되는 경우도 있다. 바로 이런 식으로 창조된 데모고르곤Demogorgon은 스스로 매우 활기찬 삶을 꾸려 나가기도 한다. 과거의 글들을 이해하고 싶어하는 사람들에게 이 작품은 신

의 선물이나 다름없었다. 학자와 작가는 물론이고 새로운 주제를 찾아 헤매던 예술가들에게도 정보와 영감의 보고가 되었다.

보카치오는 이교도 신들에 대해 이렇게 상세하게 저술하는 과정에서 불가피하게 교회와 충돌하게 되었다. 이에 그는 이교도들이 숭배했던 남 자와 여자들은 신이 아니라 단지 재주가 특출한 인간들이며, 그 위업이 반복적으로 이야기되면서 영원성을 띠게 되었을 뿐이라고 변명했다. 그 러므로 기독교 신앙에는 전혀 위협이 될 만한 요인이 없는 것이다.

사실 르네상스 시대에 고대를 복구하면서 제공된 여타 자료들과 마찬 가지로 보카치오의 작품은 예술가들이 그려낸 기독교의 독점적인 이야 기에 진정한 도전이었다. 물론 17세기 말과 그 이후까지 그리스도와 성 인들의 생애에 대한 그림과 구약의 장면들이 계속 그려지긴 했지만, 이 제 대안이 생긴 것이다. 고전 신화는 기독교에서 끊임없이 강조되는 경 건성과 순교자들의 고통보다는 아름다움(특히 여인의 육체)과 인생의 즐거 움을 좀더 많이 제공했다. 시각 예술과 글을 읽을 수 없는 단순한 사람들 에 대한 교회의 장악력은 이런 식으로 점차 약화되었다.

그러나 보카치오가 이런 결과를 의도했던 것은 절대 아니었다. 그는 젊은 시절 경박하게 살면서 최고의 소설을 완성했고, 나이가 들자 점차 사고가 깊어지고 심지어는 경건해지기까지 했다. 14세기와 15세기, 그리 고 그 이후의 거장들의 종교적 열정이 언제나 한결같지 않았다는 사실을 우리는 인정해야만 한다. 이렇게 세속적인 르네상스의 허식이 점차 마모 되면서 그 이면에 있던 중세의 하부 구조가 강력하게 부상했다. 단테 이

후에 이러한 위인들은 한 발은 흥미진진한 현재의 르네상스에 두었지만, 나머지 발은 굳건하게 과거의 중세에 두고 미신과 신조를 확신했다.

 야누스처럼 분열된 인성, 과거와 현재 그리고 미래를 서로 경쟁적으로 당기는 이런 관계는 보카치오의 평생 동료이던 프란체스코 페트라르카 F. Petrarca(1304~1374)에서도 나타난다. 자기 친구보다 연장자인 그는 체계적인 교육을 받았고 교황청에서 일하다가 아비뇽으로 망명했으며, 훨씬 더 헌신적이고 재능 있는 시인이었다. 그에게도 뮤즈 역할을 해주는 라우라Laura라는 여인이 있었다(그는 성당 참사회원직을 유지하면서 그녀와의 사이에 딸을 두었다). 단테가 본질적으로 서사 시인이었던 데 반해 페트라르카는 서정 시인이었다. 그는 현재까지 시의 한 형식으로 건재하는 14행의 소네트와 그 외 다른 형식들도 만들어 냈다. 그는 짧은 시들을 지어 연속적으로 길게 연결한 후 주제를 관통하는 시집에 함께 묶어 놓았다. 그는 이런 식으로 시가 1000년의 공백을 뚫고 최고의 예술 형식으로 다시 찬미되기를 고대하였다.

 페트라르카는 오래된 수도원의 도서관에서 사라진 고전들의 원고를 찾아내고 고전 문화를 부활하는 작업에 직접 관여했다. 비잔티움에서 필사본들이 들어오면서 르네상스가 더욱 가속화되었다는 주장은 사실이지만, 대부분의 고전 문학은 구겨진 두루마리 장서와 먼지로 뒤덮인 고대 필사본 안에 그대로 보존되어 있었다. 수도승들은 경건했지만 무지했기 때문에 자신들이 도대체 어떤 보물을 지키고 있는지도 알지 못했다.

 페트라르카는 단테나 보카치오보다 여행을 많이 다닌 편이었다.

1333년에는 라인 지방과 플랑드르, 브라반트, 프랑스를 여행하면서 학자들을 만나고 곳곳의 도서관들을 찾아다닌 결과, 리에쥐[2]에서 키케로의 사라진 연설문 2편을 찾아내기도 했다. 1345년 베로나에서는 우연히도 키케로가 아티쿠스Atticus와 브루투스Brutus, 호르텐시우스 호르탈루스Q. Hortensius Hortalus에게 보낸 서신을 극적으로 찾아내어 이 대단한 웅변가를 처음으로 되살려 냈다. 이런 발견을 통해 페트라르카는 자신의 서신에도 좀더 신경을 기울여 결과적으로 새로운 예술 형식을 부흥시키게 된다. 그의 서신들은 보존, 수집, 편집되었고 후에 출판되었다.

페트라르카는 소란한 활동과 모임을 좋아했지만 학자적인 은둔 생활도 즐겼다. 그는 보클뤼즈 및 베네치아 인근 언덕 지대인 아에쿠아에 시골 별장을 가지고 있었다. 바이런Byron과 셸리Shelley, 그 외 낭만주의 시인들이 사랑했던 이 집에서 현대의 방문객들은 그의 영혼을 다시 만날 수 있다. 벽돌과 회반죽, 석재로 만들어진 이 집은 중세의 속삭임이 남아 있는 르네상스 그 자체이다.

페트라르카의 손에서 살아남은 필사본들을 보면 초기 르네상스가 어떠했는지 좀더 깊이 느끼게 된다. 그는 위대한 시인이며 또한 전문 기술을 지닌 서예가(진정한 예술가)였다. 특히 바티칸 도서관에 소장된 필사본 세 점에는 글쓰는 행위에 대한 그의 열정이 고스란히 담겨 있다. 1357년 그는 자신의 「목가Bucolicum Carmen」를 뛰어난 고딕체로 재현해 냈다. 글씨체는 검은색이고 몇몇 대문자는 파란색이며 마지막 문장은 붉은색으로

---

2 벨기에의 도시.

씌어진 것을 보면 글씨를 쓴 사람이 바로 작가 자신이라는 점이 입증된다. 1370년 그는 좀더 우수한 고딕체로 자신의 「데 수이 입시우스 에 물토룸 이뇨란티아De sui ipsius et multorum ignorantia」 필사본을 전부 필경하면서 38번째 장의 뒷면에 자신의 작품이라고 적어 두었다. 그의 「시가Canzoniere」의 원본 필사본은 더욱 대단하다. 이 작품 역시 고딕 서체이지만 페트라르카가 글씨를 다 쓴 것은 아니고 전문 필경사의 솜씨도 섞여 있다. 첫 장의 오른편에는 여러 색깔의 나뭇가지와 잎새 모양으로 장식된 첫 번째 머리글자가 페트라르카의 글씨체로 씌어졌다. 그는 죽을 때까지 이 원고를 고치고 아름답게 꾸몄다. 초기 르네상스는 이 시인의 정신과 뛰어난 필력에서 나온 이 고귀한 페이지로 꾸려졌다고 해도 과언이 아니다.

최초의 인문주의자라 불릴 수 있는 페트라르카는 로마가 몰락한 이후 당대까지의 몇 세기가 암흑의 시대였다는 생각을 처음으로 글로 옮기기도 했다. 중세 대학에서 일곱 개의 '인문학'은 학문 중에서 가장 중요시되지 않는 과목이었지만, 페트라르카는 이를 최우선으로 올려놓고 다음과 같이 순서를 정했다.

첫 번째는 문법인데, 고대인들이 (정확한 발음을 포함하여) 이를 이용했기 때문에 고대 언어의 연구에 기초해야 한다. 여기에는 고대의 위대한 저자들을 연구하고 모방하는 것도 관련된다. 일단 언어가 문법적으로 정복되면 두 번째 단계인 수사학으로 들어갈 수 있다. 이 설득 기술은 그 자체로서는 예술이 아니고, 훌륭한 생활을 영위하기 위해 다른 이들(남녀 모두)을 설득하는 능력을 얻는 것이다. 페트라르카는 '진실을 아는 것보다는 선한 것을 원하는 것이 낫다'고 말한다. 이제 수사학은 철학으로 넘어가면서 철학을 포용하게 된다. 새로운 세대의 뛰어난 학자였던 레오나르도 브루니L. Bruni(1369~1444)는 '학문을 배우는 방식을 열어 준' 사람이 바로 페트라르카였다고 주장한다. 브루니 시대에 인문학umanista이라는 용어가 처음 사용되었고, 문법과 수사학, 시, 윤리 철학과 역사가 인문학 연구의 주제였다.

종교개혁 이전에는 인문주의자들이 기존 대학에서 주도적인 위치를 차지한 적이 없었고, 대학은 여전히 '모든 학문의 여왕'인 신학 위주로 조직되었다는 점을 이해해야 한다. 인문주의자들은 대학의 교과 과정은 물론이고 지식을 전파하기 위해 대중 토론과 문답이라는 매우 형식적인 학문 기법에 의존하는 것을 몹시 싫어했고 이에 반발했다. 그들은 이런 기법이 비효과적이고 시간 낭비에 불과할 뿐만 아니라 여러 교과 과정을 이수해야 하기 때문에 7년 또는 그 이상이 걸린다고 보았다(신학 전공생들은 적어도 35살이 되어야 박사 학위를 딸 수 있었는데 당시의 평균 수명은 40살이거나 그 이하였다). 또 이런 방식으로는 사제간에 밀접한 관계를 갖기가 어려웠기 때문에 학문을 사랑하는 인문주의자들의 마음속에는 언제나 우정의 개념이 자리잡고 있었다.

인문주의자들은 아웃사이더였고 학구적이지 않은 사람들과는 어느 정도 거리가 있었다. 그들은 동업자 조합과 마찬가지로 대학도 일종의 클로즈드 숍closed-shop[3]이라고 보았다. 대학은 개인주의와 혁신을 짓밟았

---

3 노동조합원만을 고용하는 고용계약. 이를 존속의 조건으로 내세우는 제도.

다. 인문주의 학자들은 학문의 중심지들을 떠돌아다니면서 자기가 원하는 열매를 얻으면 다른 곳으로 이동했다. 그들은 작은 아카데미를 직접 설립하기도 했는데, 1423년 비토리노 다 펠트레Vittorino da Feltre가 만토바에서, 그리고 6년 후에는 과리노 다 베로나Guarino da Verona가 페라라에서 학교를 세우고 새로운 인문주의 교과 과정을 가르쳤다.

인문주의자들은 대학이 파괴적이며 저항의 요인이 있음을 간파했다. 인문주의자들이 소속되었던 귀족이나 군주 가문들은 그들의 규칙을 제정할 능력이 있었고, 문화적인 참신성을 포용하려는 자세였다. 인문주의자 중에서 가장 재능이 뛰어난 축에 드는 안젤로 폴리치아노A. Poliziano(1454~1494)는 폴리티아노라는 인문주의자 예명을 사용하여 메디치 가문의 아이들을 가르쳤고 또 피렌체 대학의 교수직을 맡기도 했다.

폴리티아노가 속했던 15세기 중엽 시대에는 모름지기 인문주의 학자라면 어느 정도 그리스어를 섭렵하는 것을 당연하게 여겼다. 단테와 보카치오와 페트라르카는 많이 알지 못한다고 고뇌할 정도로, 그리고 고대 그리스 문헌에는 라틴어로 된 작품을 초월할 만한 보물 창고가 있다는 점을 감지할 정도로만 알았다. 중세 후기에 그리스어는 한 가지 중요한 점에서 라틴어와 달랐다. 그리스어는 비잔틴 제국에서 비록 형식이 떨어지기는 했어도 여전히 사용되는 살아 있는 언어였다. 비잔틴 제국 역시 그리스어처럼 그 가치가 떨어지고 위축되기는 마찬가지였다.

이탈리아인(비잔틴 사람들은 이들을 라틴인이라 불렀다)들은 비잔틴 제국의 수도인 콘스탄티노플[4]이 살아 숨쉬는 문화의 중심지라기보다는 고대의 경이로운 것들을 저장한 곳이라고 여겼다. 당대의 비잔틴 예술은 침체되고 소멸되는 과정의 전통이었고, 중세의 이탈리아 예술가들은 이로부터 해방되기 위해 고군분투해야 했다. 13세기 초 베네치아는 제4차 십자군을 이용하여 무역 경쟁 상대이던 콘스탄티노플을 정복하고 약탈하려 했다. 그들은 콘스탄티노플에서 네 개의 거대한 청동 고대 말을 훔쳐 의기양양하게 성마르코 성당의 아케이드[5] 위에 올려 두었다.

콘스탄티노플은 고대 그리스 문헌의 보고이며 정통한 학자들이 있다고 서구에 알려졌다. 1397년 그리스 학자 마누엘 크리솔로라스M. Chrysoloras는 피렌체에서 강연을 해달라는 초대를 받았다. 그리고 바로 이 시점부터 고전 그리스어는 진지하고도 광범위하게 서구 세계에서 연구되었다. 실제로 이탈리아 학자 베로나는 콘스탄티노플의 크리솔로라스의 동아리 안에서 몇 년을 지내기도 했다. 1408년 이탈리아에 돌아온 베로나는 그리스어를 유창하게 구사한 것은 물론이고, 당대까지 서구에 알려지지 않았던 플라톤의 작품을 포함하여 54개의 그리스 필사본을 가져왔다. 1420년대에는 조반니 아우리스파G. Aurispa가 플라톤의 나머지 필사본을 콘스탄티노플에서 들여왔다. 이 사건은 고전 그리스 문헌의 최초의 대이동이었다.

두 번째 이동은 1430년대에 피렌체에서 열린 전 기독교 총회 기간에

---

4 지금의 터키 이스탄불.
5 건축물 기둥 위에 아치를 연속적으로 가설한 구조물.

일어났다. 라틴 교회와 그리스 교회 간의 분립을 치유하려는 시도로 열린 이 총회는 실패로 끝났지만, 저명한 학자들이 포함된 그리스 대표단은 중요한 원고를 대량으로 가져와 피렌체에 남겼다. 세 번째 이동은 1453년 콘스탄티노플이 몰락하면서 투르크족의 지배에서 도망쳐 온 피난민들의 보따리에서 나왔다. 그 동안에는 특히 포조 브라치올리니Poggio Bracciolini (1380~1459)가 라틴 고전을 재발견하는 작업을 계속했다. 그는 유럽의 수도원 도서관들을 끈질기게 찾아다니면서 키케로와 퀸틸리아누스Quinti-lianus 등의 작품을 발굴해 냈다.

인문주의자들이 오랜 역사의 대학을 장악하지 못했는데도 사회에 그런 영향력을 행사할 수 있었던 이유 중에는 그들이 궁정에 스며들었다는 점을 빼놓을 수 없다. 사실 그들은 학문적인 비밀 결사단을 조직하여 서로 일자리와 추천서를 마련해 주고 부유하고 영향력 있는 사람들의 후원을 받을 기회를 제공해 주었다. 페트라르카와 마찬가지로 브라치올리니는 교황을 위해 일했고 콘스탄츠 공의회(1414~1418)에도 참석했는데 당시 필사본의 거래가 굉장히 많았다고 한다. 그는 또한 한동안 영국의 고위층 인사이던 추기경 보퍼트Beaufort를 위해 일하기도 했다.

인문주의자들은 정치적 목적으로 사용될 글을 라틴어나 모국어로 쓸 만반의 준비가 되어 있었다. 콜루치오 살루타티C. Salutati(1351~1402)는 피렌체의 장관으로서 문학적인 재주를 동원하여 자국의 이득을 열렬하게 옹호했다. 밀라노의 비스콘티Visconti가 그의 펜이 '피렌체 기병 대대 세 개'보다 더 해를 입혔다고 주장하자 살루타티는 '내 칼을 사용할 경우에 내

말words도 가만 있지 않겠다'고 응수했다. 페렌체 정부에서 인문주의자들이 두각을 나타내면서 이들은 네 번이나 장관으로 선출되었다.

교황청에서 행정 및 외교적인 경험을 축적하고 고전 모델에 기초하여 피렌체를 칭찬하는 역사를 기술하기도 했던 브루니는 1427년 장관으로 선출되었다. 1444년 그가 사망하자 시는 소박한 장례식과 단순한 석판 묘비명을 원한 그의 유언을 무시한 채 로마식의 웅장한 장례식을 거행했으며, 조각가 베르나르도 로셀리노B. Rossellino에게 정교한 르네상스식 기념비를 고전적으로 만들라고 위탁하여 산타크로체의 프란체스코회 교회의 둥근 천장이 있는 회랑에 설치했다.

인문주의 학자들이 이렇게 권력에 관심을 보인 그 이면에는 자신을 선전해 줄 사람을 구하고 싶다는 욕망이 있었다. 또 로마 제국의 외관(라틴 표어, 사치 규제법, 도안과 휘장)을 재창조해 내면 로마의 권력이 실제적으로 따라오리라는 욕망도 있었다. 고대를 모방하는 것은 유행처럼 번져 갔다. 폼포니오 레토P. Leto(1428~1498)가 로마에 세운 사설 아카데미에서는 고대사가 연구되었고, 사람들은 로마의 의상을 입고 로마의 축제를 열었으며 비문을 수집하고 로마식으로 토론을 벌이고 심지어는 베르길리우스와 호라티우스Horatius의 고전 원칙에 따라 정원을 가꾸었다.

피렌체에서 메디치가는 한 발 더 나아가 고전 고대의 복구를 정부의 원칙으로 삼았다. 사실 15세기 피렌체에서 메디치가의 권력은 궁극적으로 자본에 기반을 두기는 했지만(의사에서 은행가로 변모한 가문이다) 문화적인 통솔력으로 표현되었다. 메디치가는 1537년 코시모 데 메디치 1세

Cosimo de' Medici(1519~1574)가 피렌체 공작이 되고 마침내 토스카나 대공으로 등극하면서 비로소 형식적인 권위나 법적인 호칭을 얻게 되었다. 그들은 새롭고 완벽하고 장엄한 것에 대한 문화적인 열정으로 자신을 피렌체의 운명과 동일시할 수 있었으며, 1400년까지 피렌체는 자의식적으로나 정서적으로 인문학의 보루가 되었다.

이런 양식을 설립한 이는 다름 아닌 코시모 데 메디치Cosimo de' Medici (1389~1464)였다. 그는 완전히 한 세대 동안 피렌체의 공공 사회를 지배했다. 물론 그는 굉장한 부자였다. 그의 아버지의 개인 자산은 1427년에 8만 플로린florins이 넘었으며, 모직 산업 노동자 2,000명에게 1년간 월급을 줄 수 있을 정도였다고 추정된다. 1427년 그는 로마에 머무르면서 포조 브라치올리니가 고대의 비문을 찾는 작업을 도왔다. 또한 마르실리오 피치노M. Ficino에게 위탁한 플라톤 번역 건은 르네상스를 통틀어 최고의 원고를 탄생시켰다. 그는 전문 필경사를 35명이나 고용하여 자신의 장서관을 위해 고전을 필사하라고 지시한 적도 있다. 서적 판매상이자 그의 「생애Life」를 저술한 베스파시아노 다 비스티치Vespasiano da Bisticci는 이렇게 단언한다. '그는 공적인 사무에 열중해 있는 사람치고는 놀랄 만한 라틴어 지식을 가지고 있다.'

코시모 데 메디치는 또한 자기 돈으로 산로렌초 교회와 피에솔레 외곽의 바디아 교회, 산마르코의 도서관과 수도원을 완성하고 산타크로체의 프란체스코회 교회를 증축하는 공공사업을 벌였다. 또 미켈로초 Miche-lozzo에게 피렌체에 가족 궁을 짓게 했으며, 도나텔로Donatello(1386~

1466) 이후 뛰어난 거장들을 모두 후원했다. 그가 피렌체의 군대와 외교까지 좌우하게 되자 1454년 로디의 평화 조약에서 피렌체는 베네치아와 교황국, 밀라노, 나폴리와 함께 이탈리아의 주요 다섯 강대국으로 인정되었다.

코시모의 손자 '위대한' 로렌초Lorenzo de Medici(1449~1492)는 명목상은 아니었지만 실질적으로 피렌체를 통치하면서 철 몽둥이보다는 황금과 상아로 만든 장대를 휘두르면서 코시모보다 더 전진하였다. 그는 학자이자 학자들의 후원자였으며 그의 할아버지와 마찬가지로 피치노를 후원하고 피코 델라 미란돌라Pico della Mirandola와 폴리티아노가 라틴어와 그리스어 텍스트를 번역, 편집하는 작업을 도왔다. 또 그는 뛰어난 시인으로서 페트라르카를 본보기로 삼았다. 독창적인 생각과 독특한 표현 및 형식이 가득한 그의 시에는 사냥과 숲, 자연, 여인에 대한 사랑의 찬미가 담겨 있다. 그는 시를 통해 덧없이 짧은 인생을 한탄하는 동시에 즐거움과 외설스런 속내를 발산한다. 페트라르카의 시가 처음 출판됐을 때 그의 시는 널리 읽혀졌고 어떤 것들은 아직까지 읽혀지고 있다.

로렌초는 안드레아 델 베로키오Andrea del Verrocchio(1435~1488)와 도메니코 기를란다요D. Ghirlandajo(1449~1494), 폴라이우올로Pollaiuolo, 산드로 보티첼리S. Botticelli(1445~1510) 등 당대 최고의 화가와 조각가에게 기념비적인 규모의 작업을 위탁했다. 나중에 그의 아들 조반니Giovanni de' Medici는 교황 레오 10세로, 그리고 조카 줄리오Giulio de' Medici는 클레멘스Clemens 7세의 자리에 오르게 된다. 그의 증손녀 카트린Catherine은 프랑스 왕과 혼인하여 3

명 이상의 자녀를 두었다. 로렌초 자신이 작가였기 때문에 르네상스 전체에서 가장 핵심적인 인물이며, 전인(全人, uomo universale)의 이상에 가장 근접한 인물이었다고 주장하는 이도 있다.

지배층 가문 중에서 피렌체의 메디치 가문만이 새로운 문화와 자신을 동일시했던 것은 아니었다. 독립 도시들이 서로 경쟁하고 학문과 예술로 무장한 체제와 통치자들이 자기 권력을 강화하기 위해 애쓰는 과정에서 르네상스는 더욱 힘을 얻게 되었다. 르네상스는 역사상 세계적인 투쟁(군사적인 우월권과 정치적인 지배력을 얻기 위한 투쟁)에서 적어도 부분적으로나마 문화적인 성취로 그 성공 여부가 판단되던 보기 드문 시대였다. (위선과 마찬가지로) 문화나 예술을 후원한다는 것이 실은 포악성을 위장하는 경우가 종종 있었다.

이탈리아의 도시 통치자들은 대개 무자비했다. 14세기에 밀라노에서 가문의 권력을 공고히 했던 베르나보 비스콘티B. Visconti는 야만스러울 정도로 잔혹한 인물이었다. 악행을 일삼던 그의 아들 잔 갈레아초 비스콘티G. G. Visconti(1351~1402)는 롬바르디아 전역과 피에몬테 일부, 심지어는 토스카나의 일부를 망라할 정도로 밀라노의 지배력을 확장했다. 그렇지만 그는 아량이 넓고 감식력을 갖춘 수집가인 동시에 학자들의 친구이자 새로운 학문의 후원자였다.

밀라노에서 비스콘티 가문의 뒤를 이은 스포르차Sforza 가문은 레오나르도 다 빈치Leonardo da Vinci(1452~1519)와 브라만테Bramante의 후원자로 명성이 드높았다. 에스테Este 가문이 통치하던 또 다른 인문주의 도시 페라라도 마찬가지였다. 인문주의는 신사들은 물론이고 숙녀들의 교육에도 주의를 기울였다. 1471년부터 1505년까지 페라라 공작이었던 에르콜레Ercole의 두 딸 이사벨라와 베아트리체는 아름답고 재능이 뛰어났으며 모두 고전 교육을 철저히 받았다. 두 딸 가운데 이사벨라Isabella(1474~1539)는 만토바 후작 곤차가Gonzaga와 혼인하여 거의 50년간 만토바에서 살았다. 용병 장군condottiere이던 남편이 사망한 후 남편을 대신해서 섭정했던 그녀는 후에 르네상스의 여인 중 최고의 수집가이자 후원자가 된다.

이탈리아에서 최고로 손꼽히던 그녀의 스투디올로(작은 방)는 서재와 수집가의 진귀한 수집품을 결합한 장이었다. 이 방은 안드레아 만테냐A. Mantegna와 피에트로 페루지노P. Perugino, 코레조Correggio 등의 주요 예술가들이 장식했는데, 서책과 예술 작품(보석, 메달, 작은 청동상과 대리석상, 호박, '유니콘의 뿔', 그 외 천연의 진귀한 물건들)이 너무 많아지자 '그로타'(둥지)라는 이름의 방을 추가했다. 그 후 300년간 이는 부자들에게 약간 기이하면서도 매력적인 예술 형태로 자리잡게 된다. 그녀는 미켈란젤로Michelangelo의 작품 한 점과 얀 반 에이크Jan van Eyck의 작품을 소장했고, 사후에 마련된 목록을 보면 메달에서부터 돌로 만든 항아리에 이르기까지 1,600점이 넘는 다양한 수집품이 보관되었음을 알 수 있다.

페데리고 다 몬테펠트로Federigo da Montefeltro(통치기 1444~1482)를 위해 건축된 서재는 이보다 좀더 유명했다. 르네상스에서 가장 위대한 인물 가운데 한 사람인 그는 튀어나온 코와 칼에 맞아 움푹 파인 콧날의 옆모습으로 여러 르네상스 걸작품에 등장하기도 한다. 이탈리아 소도시 국가의 여러 지도자와 마찬가지로 그 또한 용병으로서 군사를 이끌었으며, 피비린내 나는 용병 장군(당시에는 명예로운 직업이었다) 중에서 가장 성공한 인물이었다.

그는 자신의 가문이 13세기 이래부터 통치해 온 우르비노를 거의 40년간 통치했고, 마지막 8년간은 공작의 지위에 있었다. 이 백만장자 용병은 라틴어를 잘 구사하고 다른 학문에도 능통했으며, 취향도 고상한 편이어서 전쟁에서 물러난 이후에는 식별 있는 예술 후원자가 되었다. 또 종교적인 경건성까지 어느 정도 갖춰서 자기 죄를 속죄하기도 했다. 그는 우르비노에 있던 자기 선조들의 오래된 중세 저택을 이탈리아 최고의 성으로 변형시켰다. 이 성은 외부적으로는 군사적인 모습을 띠고 있지만 최신 유행에 따라 장엄한 내부를 갖추었다. 트롱프뢰유trompe-l'oeil[6]를 나무에 상감 세공한 걸작품인 그의 서재가 가장 중심적인 공간으로, 이곳에서 이 늙은 병사는 학자들과 담소하면서 전인의 역할을 수행해 냈다.

페데리고 공작의 궁정은 당대의 전형이 되었다. 발다사레 카스틸리오네B.Castiglione(1478~1529)가 최고 수준의 훌륭한 예절에 대한 논문인 동시에 르네상스의 이상을 보급한다는 목적으로 궁정 행동에 대한 입문서를 쓰기로 결정하고 우르비노를 배경으로 설정한 것도 우연만은 아니었다. 「궁정인Il Cortegiano」에 등장하는 궁정인의 노련한 일원들은 가상의 대화 속에서 이상적인 신사와 숙녀에 대해 토론, 기술하고 최고의 궁정 사회에 적응하는 방법에 대해 이야기한다.

---

6 일종의 눈속임 그림. 실물 같은 착각을 일으키는 그림 기법.

만토바 출신의 카스틸리오네는 고전에 정통했고, 우르비노뿐만 아니라 자기 고향의 곤차가 가문에서 궁정 생활을 했었기 때문에 자기가 쓰고자 했던 주제에 대해 잘 알고 있었다. 「궁정인」은 당국의 승인을 얻어 1528년에 출판된 이후 무엇보다 젊은이들을 만족시켰고 그 이후 고전으로 남게 되었다(요즘은 거의 읽혀지지 않지만). 당시 이 책은 성공작이었으며 어느 책보다 더 르네상스 엘리트의 관심을 유럽이 인정하는 지혜로 돌렸다. 카스틸리오네는 산치오 라파엘로S. Raffaello(1483~1520)의 현존하는 최고의 초상화의 모델이 되면서 자신의 행운을 완성시켰다.

카스틸리오네가 르네상스 시대의 궁정의 화려하고 우아한 면을 묘사한 반면, 그의 동시대인이던 니콜로 마키아벨리N. Machiavelli(1469~1527)는 어둡고 좀더 현실적인 그림을 완성하고 있었다. 그는 피렌체 정부의 군사, 외교 사건에 연루되었다가 1512년 메디치 가문이 복권하자 공직에서 해고되었다. 그 후 1513년에 「군주론Il Principe」을 저술했다. 그는 세상의 이치를 잘 아는 역사가로서 피렌체 역사와 전쟁 기술에 대해서도 책을 썼다.

마키아벨리는 카스틸리오네와는 달리 이상보다는 이 거칠고 무자비한 세상에서 실제로 일어나는 일에 더 관심이 많았다. 그는 통치자들이 해야만 하는 일을 기록하는 것이 아니라, 자신의 경험을 통해 그들이 안팎의 적을 능가하기 위해 실제로 하거나 하고자 하는 일들을 쓴 것이라고 독자에게 말한다. 당대와 후세의 비평가들이 주장해 온 바와는 달리, 그의 책은 덕망이 있는 사람들을 실망시키거나 야심이 가득한 사람들을 타락시키는 악마적인 책은 아니다. 실제 정치에 대한 독창적인 글이 실려 있는 그의 책에는 다소 체념한 듯한 지혜와 애국적인 면이 엿보인다. 그는 공화국의 이상과 시민들의 자유가 침략군에게 파괴되는 것을 바라본 자부심이 강한 피렌체인의 관점을 채택하고 있다. 그는 만약 이탈리아의 위대한 도시들이 각기 독립 국가로서 생존하려면 최근 역사에서 교훈을 배우고, 미망에서 깨어난 현명한 사람들이 통치해야 한다는 점을 슬프게 인정했다.

카스틸리오네는 유화적으로, 그리고 마키아벨리는 충격을 주는 방식으로 유용한 정보를 담은 일종의 자기 지침서를 제공했다. 이 책들은 이탈리아가 100년도 넘는 문화 혁명을 겪으면서 힘들게 얻은 지식을 전파했고, 또 이탈리아가 일련의 침략으로 자유를 파괴당하고 영혼이 고통받는 것에 대해서도 유럽 전역에 잘 알려 주었다. 이 책들은 르네상스 수출업에서 중요한 항목이었다. 이탈리아 도시들이 인쇄업에서 변화를 재빠르게 받아들이고 동화시켜 자기 것으로 만들었듯이, 나머지 유럽 국가들도 과거 두 세기 동안 대부분 이탈리아의 사상과 기법을 열망해 온 것이다.

이탈리아의 이상은 역사적 사건과 재능의 사용 가능성에 따라 유럽으로 확산되었다. 적어도 처음에 프랑스는 반응 속도가 느리거나 아니면 느린 것처럼 보였다. 13세기에는 이탈리아보다 프랑스가 유럽의 문화 중심지로 여겨졌기 때문에 이런 현상은 놀라웠다. 파리에는 가장 번잡한 대학이 있었고, 세기가 진행되면서 그 영향력은 계속 증가했다. 프랑스어를 사용하는 주요 궁정이 세 군데나 있었는데, 그 중에서 부르고뉴는 어떤 면에서 프랑스 왕국보다 부유했고, 나바르 역시 프랑스어를 말하는 중요한 왕국이었다. 프랑스어가 언어로서 빠르게 확고한 자리를 차지한 것으로 보아 1250년이나 1300년경의 시인이라면 이탈리아보다는 프랑스의 시 형식을 따랐을 것으로 보인다. 프로방스는 시운동의 중심 무대였고, 1309년부터 1378년까지 프랑스의 도시 아비뇽은 '바빌론에 망명' 중인 바티칸의 수도로 라틴 서구에서 학자와 초기 인문주의자들을 유입했다. 그들 가운데 페트라르카는 프랑스어로 글을 쓰기도 했다.

그렇지만 프랑스가 단테 같은 작가를 낳지 못했다는 결점은 언어의 전쟁에서 결정적으로 작용하였다. 더욱이 남부 프랑스는 군사적 이단의 발발로 황폐화했고 이를 진압하려는 시도는 매우 격렬했다. 1330년대 이후 프랑스는 주기적으로 큰 피해를 주는 영국의 침략의 희생양이 되었다. 부르고뉴가 가세한 경우도 종종 있었고, 1420년대 이후 프랑스 국왕은 영국의 점령으로 손실한 영토를 오랜 시간에 걸쳐 비싼 값으로 되찾는 데 몰두하였다.

15세기 후반 프랑스는 근대의 근간이 되는 영토를 획득했다. 프랑스는 1453년에는 가스코뉴, 1473년 아르마냑, 1477년 부르고뉴, 1481년 프로방스, 1489년 앙주, 1491년 부르타뉴를 흡수했다. 이 대단한 합병(1527년 부르봉 영토를 병합한다)으로 프랑스는 당대 유럽의 최대 부국이 되었지만, 1494년 샤를 8세가 이탈리아를 침공하여 나폴리 왕국을 점유하기로 결정하면서 그 영향력은 사라졌다. 그의 침략은 이탈리아에게는 대재난이었고, 프랑스에게도 취약성의 원천이었다. 샤를의 후계자인 루이 12세와 프랑수아1세는 막대한 재정 투입에 비해 효과는 거의 없는 침략 행위를 반복하다가 결국 프랑수아는 파비아 전투(1525)에서 대패하여 붙잡히는 신세가 된다.

　프랑스가 오랫동안 정치와 군사적인 일에 사로잡혀 있었다고 해서 새로운 르네상스 정신에 전혀 영향을 받지 않은 것은 아니었다. 오히려 이와는 반대로 르네상스는 프랑스의 팽창주의에 대한 고전적인 설명으로 이용되었다. 프랑스 궁정에는 피렌체와 교황청, 제노바와 밀라노의 당파 싸움을 피해서 망명한 영리한 이탈리아인들이 모여들어 발루아Valois 왕조의 왕들을 추켜세웠고, 프랑스가 이탈리아를 정복하면 자신들의 영락한 처지도 바뀌게 되리라고 기대했다. 프랑스를 선전하려는 자들은 고대 영웅의 그늘을 빌리고자 했던 것이다.

　샤를과 루이는 알프스 산맥을 넘는 한니발Hannibal에 비교되었고, 프랑수아는 가이우스 율리우스 카이사르G. J. Caesar(갈리아 지방을 침략하여 정복한 이탈리아인)와 대화하는 모습으로 제시되었다. 이런 선전에는 카이사르의 「주석Commentaries」이 동반되었다. 알베르 피게A. Pigghe와 고드프로이 르바타브Godefroy le Batave가 세밀하게 채색한 이 판은 르네상스 필사본 중에서 가장 훌륭한 것들 중의 하나로 프랑스 국립 박물관의 보물이다.

　침략 행위는 대형 메달과 범랑 세공품, 개선 아치와 인쇄물로도 찬양되었는데 이런 기념물 모두가 고전 양식을 취했고 이탈리아 장인의 도움을 받은 경우도 있다. 그렇지만 르네상스 시대에 위대한 프랑스 작가는 좀처럼 출현하지 않았다. 15세기 프랑스에서 유일하게 괄목할 만한 시인 프랑수아 비용F. Villon(1431~1465?)은 신기하게도 르네상스의 영향을 받지 않았고, 현존하는 그의 3,000행밖에 되지 않는 시구에서 새로운 정신을 발견하기란 쉽지 않다. 그는 냉철한 장엄함을 지닌 중세인이었다.

결국 르네상스는 프랑스에 엄청난 힘을 행사하게 된다. 샤를 8세가 이탈리아에서 귀국하면서 20명 정도의 전문 장인을 데려오기는 했지만, 모국을 위해 이 새로운 문화를 열정적으로 포용한 이는 바로 프랑수아 1세였다. 그는 1516년경에 이미 프랑스에서 레오나르도 다 빈치를 고용하고, 프란체스코 프리마티초F. Primaticcio와 로소 피오렌티노Rosso Fiorentino(1495~1540) 등의 저명한 예술가들을 데리고 왔다. 이들은 장 구종J. Goujon과 장 쿠쟁J. Cousin 등의 프랑스 화가들과 함께 일하면서 퐁텐블로학파를 형성하는데, 이곳은 이탈리아 밖에 세워진 최초의 주요 르네상스 문화 중심지였다. 프랑수아 1세는 이탈리아의 도움과 영감을 받아 역사상 최대 규모의 궁전 건축 계획을 주로 루아르 계곡에서 수행하였다.

르네상스의 글에 대한 프랑스의 열정 또한 중요하다. 늦은 감은 있지만, 1470년 소르본 대학에 인쇄기가 설치된 후 고전의 프랑스어판과 번역본이 대량으로 등장하기 시작했다. 로베르 가갱R. Gaguin(1433~1501)은 르네상스 연구와 15세기 중반에 싹트던 프랑스 국민주의를 결합시키면서 대중적인 프랑스를 분명히 밝혔다. 그는 당대까지의 프랑스 역사를 라틴어로 기술한 「프랑스 개략사Compendium supra Francorum gestis」(1495)를 출판했으며, 파리에서 수사학을 가르치고, 라틴 어구를 즐기고 쓰는 방법에 대한 논문도 썼다. 기욤 피셰G. Fichet와 르페브르 데타플Lefvre d'Etaples이 그 뒤를 이어 이탈리아를 여행하면서 최신 학문을 수집했다. 또 헤로니무스Heronymus와 라스카리스Lascaris 등의 그리스어 선생들도 여기에 동참했다.

기욤 뷔데G. Budé(1468~1540)의 영향력은 더욱 지대했다. 그는 1532년 「학문의 정당하고 적당한 제도The Right and Proper Institution of the Study of Learning」를 출판하면서 기독교 국가가 초기에는 그 자체로서 완전했지만 '몇 세기간의 야만주의'에 매장되었던 시기가 있었으므로, '고대 뮤즈의 합창대를 개혁'하는 것이 당대의 임무라고 주장했다. 교회는 자체 내의 여러 기독교 단체가 야만적인 세기와 결합되어 있다는 인문주의자의 이런 식의 접근 방식을 그다지 탐탁하게 여기지 않았다. 뷔데는 프랑수아 1세를 설득하여 라틴어와 그리스어, 히브리어, 아랍어 교수직을 마련하고 새로운 인문주의 문화를 보조하게 했으며 소위 콜레주 루아얄(후에 콜레주 드 프랑스)을 파리 대학교의 통제 밖으로 분리했다. 바로 이 시점에서 프랑스 문학 르네상스가 무르익었고 거의 폭발 단계에까지 이르렀다.

프랑수아 라블레F. Rabelais(1494~1553) 등의 작가는 예전 방식으로 교육을 받았다. 서품을 받은 사제였던 그는 대단히 엄격했던 파리 대학교의 콜레주 드 몬터규에 다녔던 것으로 추정된다. 이곳은 악취와 채찍질, 질 나쁜 음식으로 악명이 높았고 '모교회의 엉덩이의 갈라진 틈'이라고 불리기도 했다. 이곳에서 수학했던 에라스무스와 마찬가지로 그는 불행했지만, 또 다른 동창생들(위대한 이교의 시조 장 칼뱅J. Calvin과 예수회 창시자인 이그나티우스 로욜라Ignatius of Loyola)은 이곳의 교육을 찬미했다. 이렇게 의견이

프랑수아 라블레의 초상화. 서품을 받은 사제였던 라블레는 대단히 엄격했던 파리 대학교의 콜레주 드 몬터규에 다녔던 것으로 추정된다. 이곳은 악취와 채찍질, 질 나쁜 음식으로 악명이 높았다.

분분한 것을 보면 그 학교에 대해서는 물론이고 이 4명의 기질에 대해서도 알 수 있다.

라블레는 프랑스가 이탈리아와의 전쟁을 통해 직접 접촉하고 경험하면서 대변혁을 일으킨 분야였던 의학에서 의사 자격을 땄다. 직접 참전했던 암브루아즈 파레A. Paré(1510~1590)는 (아마도) 당대 최고의 생리학자가 되었다. 그는 이탈리아 은행가들이 식민지화한 리옹에 정착했는데, 프랑수아 1세가 죽은 후 그가 리옹의 은행가들에게 연간 수입의 두 배나 되는 빚을 지고 있었다는 풍문이 나돌기도 했다. 또 이 은행가들은 이탈리아 르네상스의 장식물들을 들여오기도 했다.

라블레는 의학을 포함하여 여러 다양한 주제에 대해 라틴어나 프랑스어로 글을 썼는데, 그 중에서도 「팡타그뤼엘Pantagruel」(1532)과 「가르강튀아Gargantua」(1534)는 프랑스인들의 정곡을 찌른 작품으로 알려져 있다. 이 작품은 20년에 걸쳐 5권으로 출간된 연속 희극 걸작으로서 인문주의와 외설 및 풍자의 묘사가 요약되어 있다. 그는 농부에서 학자, 상인과 법관, 가신에 이르기까지 프랑스 사회의 거의 모든 분야를 다루었다. 또한 방대한 어휘와 방언, 속어, 신조어를 이용하여 생생하고 간결하며 표현력이 풍부한 프랑스어를 과시했다. 단테가 이탈리아어를 만들었듯이 그도 문학 언어로서의 프랑스어를 만들었다고 말하기에는 어느 정도 과장된 면이 있다. 그보다는 라블레가 프랑스어의 무한한 가능성을 보여주고, 프랑스인들 스스로가 자신의 문학적 유산에 대해 처음으로 열광하게 만들었다고 하는 편이 더 정확한 표현일 듯싶다.

교회는 라블레를 비난했고, 시 당국은 그의 책을 불태웠으며, 소르본 대학은 무자비할 정도로 적대적이었다. 그러나 궁정과 문학인들은 그의 재미있는 글과 사회에 대한 야만적인 비평을 모두 좋아했다. 이 거대하고 정돈되지 않은 책은 몰리에르Molière에서 볼테르Voltaire에 이르는 여러 작가들에게 영감을 제공했으며, 앵글로색슨족과 북부 유럽 세계를 통틀어 죄악의 별칭이 되었다.

젊은 작가들은 프랑수아 1세의 축복을 받으며 뷔데가 실행했던 교육 개혁으로 혜택을 입었다. 새로운 대학의 최초의 그리스어 교수이던 장 도라J. Dorat는 자신의 학생들 중에서도 가장 뛰어난 학생으로 요아킴 뒤 벨레J. du Bellay(1522~1560)를 손꼽았다. 그는 고전 지식과 새로이 정착해 가는 모국어의 결합을 희망했고, 1549년에는 언어학의 최초의 핵심 작업인 「프랑스어의 옹호와 선양La Defense et illustration de la langue francaise」(1549)이라는 책을 펴냈다. 여기에서 그는 프랑스 시인들에게 고전에서 개작된 송가와 만가를 쓰고 페트라르카의 소네트의 새로운 형식을 이용하라고 당부하고 있다. 그의 동료 피에르 드 롱사르Pierre de Ronsard(1524~1585)는 그 다음 해에 최초의 송가집을 출간했다. 이들은 장-앙트완 드 바이프Jean-Antoine de

Baïf(1532~1589)와 함께 '플레야드La Pléiade[7]'라고 알려진 '신진' 시인들의 모임을 구성했다.

프랑스 대사의 아들인 바이프는 베네치아 태생으로 어릴 때부터 인문주의를 받아들였다고 한다. 이들은 거의 3세기에 걸쳐 프랑스 시의 규칙을 세웠고 연극에도 영향을 주었다. 플레야드의 일원 에티엔느 조델 E. Jodelle(1531~1573)의 획기적인 희곡 「디도의 자기 희생Dido's Self-sacrifice」은 프랑스 고전 연극의 전형이 되었으며 17세기 영광의 밑거름이 되었다. 생명력이 넘쳐나던 이들은 작가들이 무수한 형식으로 무한정 즐길 수 있는 언어를 만들어 냈다. 그 중에서도 가장 생명력이 긴 에세이 장르는 오늘날에도 비평적인 기사나 신문과 잡지의 특집 기사로 명맥을 이어가고 있다.

미셸 드 몽테뉴Michel de Montaigne(1533~1592)는 프랑스 인문주의에서 뛰어난 인물로 그의 글은 오늘날에도 여전히 전 세계에서 읽힌다. 그는 태생이 좋고 공부를 잘했으며 행정 경험도 있었지만 미망에서 깨어나 학문에 전념했다. 그는 격식에 얽매이지 않고 사람과 사건, 풍습, 신조, 인생의 공통적인 이정표(출생, 젊음, 성년, 결혼, 질병과 죽음)에 대해 숙고하였다. 그는 가톨릭 교도였지만 이에 대해 회의적이었으며, 현실적이면서도 예민한 감정의 소유자였다. 과거를 사랑하면서도 현재에 안주했고 미래를 두려워하지 않았다. 유럽 문학 사상 처음으로 대화체 형식의 평이한 근대어조가 출현하고, 독자에게 기꺼이 자신에 대해 이야기할 의지가 있는

---

7 칠성시파.

인물이 나타난 것이다. 1580년 출판된 그의 「수상록Essais」은 중세가 기울기 시작한 이래 종교개혁 인문주의의 힘이 전 세계에 미치는 대단한 파급 효과를 나타냈다.

영국에서의 진보 역시 대단했지만 그 방식은 달랐다. 영어는 이탈리아어와 거의 같은 시기인 14세기 초에 자기 발견의 투쟁을 스스로 시작하였다. 당시 지배층은 궁정과 법과 행정에서 프랑스어를 사용하다가 민중언어인 영어로 완전히 대체했는데, 이 과정은 옹호 법령에 의해 법적 효력을 얻게 되면서부터 가능해졌다. 프랑스와의 100년 전쟁으로 이 과정이 완성되었고, 그 초기에 영국 최초의 독립적 건축 양식인 수직식 건축 양식이 발전했다는 점에 주목할 필요가 있다. 이 건축 양식의 최초의 걸작은 글로스터 대성당이다. 크레시 전투(1346)에서 영국의 프랑스에 대한 승리를 축하하기 위해 동쪽 끝 전부를 새로운 양식으로 재건축한 이 성당에 구비된 동쪽 창문은 영국 최대 규모이다.

거의 이 무렵에 제프리 초서G. Chaucer가 태어났다. 그는 단테 이후 중세 최고의 시인으로서 단테와 마찬가지로 르네상스 문학의 두드러진 특징을 예시해 주었다. 그는 입스위치의 포도주 상인 가문 출신이었다. 이들은 주로 스페인과 프랑스, 포르투갈을 상대로 무역을 했기 때문에 다른 포도주 상인 가문 출신(존 러스킨J. Ruskin)과 마찬가지로 그 역시 문화적인 면에서 국제적이고 포괄적인 안목을 어려서부터 키울 수 있었다.

초서는 에드워드Edward 3세의 아들 라이오넬Lionel의 시종으로 얼마간 일하다가 궁정 생활을 경험하게 된다. 그는 프랑스(그가 자주 방문했던 나

라)의 국영 침략군으로 참전했고, 그 후 에드워드의 왕실에 합류한 뒤부
터 왕은 그에게 적어도 한 번 이상 외교 사절의 임무를 맡겼다. 그는 제노
바와 플랑드르로 갔고, 1378년에는 비스콘티와 위대한 용병 존 호크우
드 J. Hawkwood 경과 '왕의 전쟁의 원정과 관련된 문제'를 협상하기 위해 롬
바르디아에 갔다.

초서는 이미 프랑스어로 「장미 이야기Roman de la rose」의 번역을 완성하
고 직접 시를 쓰기도 했다. 그는 이탈리아어를 습득하여 단테와 보카치
오, 페트라르카라는 새로운 세계를 직접 열었고, 특히 문학적으로 보카
치오에게 많은 영향을 받았다. 그는 국내에 체류하면서도 런던 항의 모
직과 피혁을 담당하는 세관 통제관이라는 훌륭한 직업을 발판으로 대륙
과 접촉할 수 있었다. 그는 보카치오를 자신의 모델이자 사상의 보급자
로 삼아 일련의 주요 시들을 창작했다. 그렇지만 초서는 매우 독립적이
고 또 영국적이었다. 사실 그는 런던 탑과 웨스트민스터 궁, 여덟 개의 다
른 왕실 저택의 직물을 담당하는 국왕 집무실의 사무관인 동시에 평화
법관이자 켄트 하원의원이라는 중요한 직위를 맡았다. 그는 시예술을 실
현한다는 르네상스 유형에 딱 들어맞는 인물이었다.

또 그는 르네상스의 정신을 공유하면서 전형이나 단순한 범주를 거부
하고 개인으로서의 인간에 매혹되었다. 그의 걸작 「캔터베리 이야기The
Canterbury Tales」를 지배하는 것도 바로 개인이다. 그는 켄트에서 비상근 근
무를 하기 시작한 1386년부터 1400년에 죽을 때까지 이 책을 저술했다.
그가 「데카메론」을 읽지 않았기 때문에 정확하게 모델로 삼은 작품은 없

었던 것으로 보인다. 그러므로 성 토마스 아 베켓의 유명한 성지인 캔터베리 순례라는 뼈대와 눈부실 정도로 다양한 사람들이 각자의 이야기를 하는 방식은 완전한 초서의 창작이다. 더욱이 각 인물들이 자기 순례에 대해 기술하고, 또 이야기를 전해 주면서 보여주는 생생한 현장성은 더욱더 의미가 깊다. 이는 문학적으로 피렌체 화가들의 원근법 발견에 필적할 만한 것이다. 인물들이 페이지마다 뛰쳐나와 기억에서 사는 이런 구성은 단테조차도 생각하지 못했을 방식이다.

여기에서 우리는 설명이 불가능한 천재를 만나게 된다. 초서는 셰익스피어와 디킨스, 키플링 등으로 구성된 4명의 영국 작가들 중 한 사람이다. 다양한 인간의 마음을 들여다보는 그의 특별한 재능은 이성적으로 설명될 수 없으며, 오로지 신비스러운 영령에 기인한다고만 할 수 있다. 영문학에 갑작스레 이런 마술사가 출현했다는 것은 기이한 노릇이다. 그렇지만 이것이야말로 문화의 본성이다. 언제 왜 르네상스가 일어났으며 어떻게 전해졌는지에 대해서는 여러 가지의 만족스러운 설명을 할 수 있다. 그러나 단테나 초서를 설명할 수는 없다. 천재는 갑자기 나타나 전혀 새로운 것을 이야기한다. 그러다가 조용해지는데 이 역시 신비스럽기 짝이 없다. 이런 경향은 계속되고 강화되지만 전반적으로 천재는 드문 존재이다. 초서와 비견될 만한 비슷한 후계자는 없다.

15세기 영국 문학에는 일류 시인은 없지만 그렇다고 백지 상태는 아니었다. 오히려 그 반대였다. 학문과 문학의 하부 구조를 형성하는 견실한 진보 과정이 있었다. 플랜태저넷 왕조에서 가장 위대한 왕이자 프랑스의 정복자이던 헨리 5세가 1422년 젊은 나이에 죽었을 당시 그의 아들 헨리 6세는 겨우 1살이었기 때문에 그의 숙부 글로스터 공작 험프리H. Gloucester가 섭정직을 맡았다. 열등한 통치자였던 험프리 공작은 취약성과 판단 오류로 프랑스를 잃고 장미 전쟁을 일으켰다.

그러나 그는 영국 최초로 르네상스 학문을 수집했다. 그가 수집한 그리스와 라틴 고전에는 대부분의 아리스토텔레스와 플라톤의 아름다운 필사본들이 있었고, 단테와 보카치오, 페트라르카 등 근대 거장들의 아름답게 채색된 판도 있었다. 그는 소장품 모두를 옥스퍼드 대학에 기탁했고, 이를 바탕으로 후에 보들리 도서관이 발전하게 된다. 사실 '험프리 공작'은 제도 전체에서 물리적이고 골동품적인 핵심이었다.

초서 시대에 윈체스터 주교인 위컴Wykeham은 주로 모직에 기초했던 영국의 새로운 부를 학문의 초석으로 바꾸는 작업을 시작했다. 그의 쌍둥이 재단인 윈체스터 칼리지와 옥스퍼드의 뉴 칼리지가 바로 그 증거이며, 무기력하지만 경건하고 관대했던 헨리 6세는 이 전통을 이어 케임브리지의 이튼 칼리지와 킹스 칼리지를 일구었다. 이 장엄한 행렬을 따라온 다른 대학 중에는 옥스퍼드의 올 소울즈 대학과 케임브리지의 세인트 존도 포함되어 있다. 올 소울즈 대학은 영국의 콜레주 드 프랑스College de France[8]로 부상하게 되고, 세인트 존은 처음부터 르네상스 인간이 소중하게 여기는 학문을 전문 분야로 삼았다.

영국 인문주의자 중 최초로 눈에 띄는 인물인 로버트 플레밍R. Flemyng은

---

8 1530년 프랑수아 1세에 의해 설립된 고등교육기관으로 현재 프랑스 파리의 국립 교육기관 및 연구소.

이탈리아를 방문하여 식스투스Sixtus 4세를 만나고, 그의 유명한 사서 플라티나Platina와 우정을 맺었다. 그 후 이탈리아에 가는 것은 하나의 형식으로 자리를 잡았다. 토마스 리네이커T. Linacre(1460~1524)는 뒷날 교황 레오 10세가 되는 조반니 데 메디치와 나란히 폴리티아노Poliziano의 제자가 되었다. 파도바에서 의학 학위를 받고 돌아와 의과 대학을 설립한 리네이커는 라틴 문법책을 썼고 왕실 자제들의 가정 교사이기도 했다. 그의 친구 윌리엄 그로신W. Grocyn(1446~1519) 역시 폴리티아노 밑에서 공부했고, 좀더 학식 있는 그리스 학자 칼콘딜레스Chalcondyles 아래에서도 수학했다. 그는 귀국하여 옥스퍼드에서 최초로 그리스어로 대중 연설을 했다 (1491). 에라스무스, 토머스 모어T. More(1477~1535), 존 콜릿J. Colet (1466~1519) 등도 그로신 밑에서 공부했다. 에라스무스는 최신 그리스 학문을 배우기 위해 먼 이탈리아까지 더 이상 갈 필요가 없다고 말하면서 1498년 옥스퍼드로 왔다. 옥스퍼드는 그 정도, 아니 그 이상을 제공해 주었다.

옥스퍼드나 케임브리지의 비평 정신이야말로 영국 학문의 특징이다. 이것은 대단히 중요한 요인이므로 잠시 생각해 볼 만하다. 물론 비평 정신(다시 말해서 액면 그대로 텍스트를 받아들이지 않고 그 출처와 자격, 진위 여부, 내용을 경계하며 검사하는 것)이 옥스퍼드에서 시작된 것은 아니다. 이런 정신은 르네상스의 한 특징이며, 나중에 종교 텍스트와 성직자의 자격에 적용되면서 교회의 통일성에 치명타를 입히게 된다. 이 정신은 르네상스보다 훨씬 전부터 존재했으며, 사실 2세기에 활약한 마르키온Marcion까지 거슬러 올라간다.

마르키온은 처음으로 신약 성전에 상세한 주해를 달면서 일부는 수용하고 일부는 거부했다. 이런 접근 방식은 암흑 시대와 중세에는 드문 일이었다. 성 아우구스티누스나 토마스 아퀴나스처럼 뛰어난 성직자 · 학자들이 텍스트에 대해 그렇게 광범위하게 논평하면서도 텍스트 자체의 진위와 배경에 대해서는 거의 주의를 기울이지 않았다는 것은 기이한 노릇이다. 그러나 그것이 현실이었다. 그러므로 마르키온의 회의론적 접근 방식이 다시 떠오른 것은 고대를 발견하는 과정에서 가장 놀랍고도 폭발적인 현상이다.

영리하고 까다롭고 논쟁적인 반면 근면하고 정확한 학자로서 수사학을 전공한 이후 파도바와 로마, 나폴리에서 수사학 강의를 했던 로렌초 발라L. Valla(1406~1457)가 비평 정신의 선구자였다. 그는 교황청과 나폴리 왕 아라곤의 알폰소Alfonso 아래에서 실무를 맡기도 했으며, 세속 권력과 성직자 권력 간의 주기적인 투쟁에서 교황보다는 군주 편이었다. 이런 성향을 지닌 그는 콘스탄티누스 증여 문서를 진지하게 연구하게 된다.

750년에서 850년 사이에 조작된 이 문서에는 콘스탄티누스 황제의 개종과 그가 당시의 교황 실베스테르Sylvester 1세(재위 314~335)와 그 후계자들에게 수여했던 주요 직급이 기록되어 있다. 이로써 교황은 모든 기독 국가를 관할하는 대주교가 되었으며, 로마 및 '이탈리아와 서구의 모든 지역과 장소'에 대한 세속적인 지배력을 갖고 '모든 곳의 성직자의 대법관'이 되었다. 이 문서에서 실베스테르는 서구의 황제 자리까지 제시되었지만 거절했다고 기록되어 있다.

증여 문서는 교황의 승리주의를 보여주는 원형적인 텍스트이며 11세기의 힐데브란트 혁명의 주요 자격 증명서이다. 또 14세기 보니파키우스 8세의 좀더 극단적인 선언의 원형이며, 이탈리아 교황국의 토지에 대한 권리 증서이다. 과거에도 이 문서에 의혹을 품은 이들이 있었지만, 학술적인 근거보다는 분개한 군주들이 정치적 반항의 형식적 표시로 사용했던 것에 불과했다.

그러나 발라는 근대 역사 비평의 기본이 되는 원칙에 입각하여 텍스트를 자세하게 조사하여 그것이 단순한 의심의 단계를 넘어 정교한 위조 문서라는 점을 밝혔다. 그는 이 결과를 「콘스탄티누스 증여 선언의 위조성De falso credita et ementita Constantini Donatione declamatio」(1440)이라는 제목으로 발표하였다. 당시 발라는 대학에서 교회 학자, 특히 수사들의 변증법적인 교수 방법을 비판하면서 이미 교회 당국과 마찰을 빚고 있었다. 그는 위조를 폭로하고 영적인 제도만 있어야 한다고 주장하면서 교황의 세속적인 권력에 정면으로 맞섰다. 그는 종교재판(1444)에 끌려갔다가 알폰소의 도움으로 간신히 목숨을 건졌다.

발라는 고대 문서를 다루면서 신성한 것은 전혀 없고 강력한 비평의 시각으로 검토되어야 한다고 생각했기 때문에 교회와 충돌한 것은 그리 놀라운 일이 아니었다. 그는 성 제롬의 라틴어 성경 번역서와 그리스어 신약을 비교했는데, 본질적으로 중요한 이 작업은 나중에 에라스무스의 텍스트 비평에도 큰 영향을 미치게 된다. 다른 학자들도 이에 자극을 받아 모든 영역의 텍스트에 같은 작업을 시도했다.

1497년 존 콜릿은 4년간 이탈리아에 체류하면서 고대 텍스트를 검토하는 방식에 대해 정보를 수집한 후 세상이 깜짝 놀랄 만한 역사적인 '옥스퍼드 로마서' 강해를 했다. 그는 학문적 접근 방식을 모두 버리고, 로마역사를 배경으로 신앙에 의한 정당화를 통해 신학에 포함되어 있는 사도의 서간서를 기독교 문서 중에서 가장 중요하다고 판단하여 수에토니우스Suetonius 같은 이교도 권위자의 말을 인용했다. 이 새로운 역사 접근법을 접한 젊은 학자들은 거의 전율했다. 새롭고, 감동적이고, 불경스러우며, 우상 파괴적이고, 굉장히 매력적이었다. 모든 것이 뒤범벅된 혁명(이후의 마르크스의 역사 분석이나 프로이트의 무의식 이론과 마찬가지로)이며, 모든 유형의 사물과 문제에 적용되어 놀라운 결과를 가져왔다.

　간단히 말해서 유럽 역사상 최초로 거대한 문화 전쟁이 일어나고 있었다. 1511년과 1513년에 에라스무스와 존 콜릿은 캔터베리의 유명한 성 토마스 성지를 방문하였다. 이 성지는 부와 명성에서 콤포스텔라의 성 제임스St. James 성지와 서로 우위를 다투는 곳으로 주변에는 온갖 사기와 위조된 성물들이 가득했다. 이 두 학자는 굉장히 불쾌해졌다고 했는데, 특히 그 막대한 재산을 목격한 콜릿은 화가 난 나머지 그 재산 모두를 가난한 사람들에게 나눠 주어야 한다고 말했다. 그는 굉장한 성물인 '성 조지의 팔'에 경의를 표하는 입맞춤을 하지 않았고, 성 토마스의 피에 적셔졌다고 하는 옷자락을 '경멸하듯이' 무시했으며, 허가받은 거지가 성수를 그에게 뿌리고 성 토마스의 신발에 입맞춤하라고 하자 폭발하고 말았다. 그는 에라스무스에게 이렇게 말했다. '이 바보들은 우리가 지금까지 살

아온 모든 착한 이들의 신발에 입맞춤하기를 기대하는 것입니까? 차라
리 그들의 침이나 대변을 가지고 와서 입맞추라고 하지 그래요?'

초서의 순례단이 '직접 가볼 만한 축복받은 성스러운 순교자'를 찾아
그의 기적 능력에 확신하면서 캔터베리에 온 지도 이미 100년이 지났다.
그 동안 르네상스는 자기 길을 가고 있었다. 중세의 확신, 즉 관점에 따른
고지식함은 이제 르네상스의 정밀한 검사, 즉 회의주의에 직면하게 되었
다. 교회가 자기 목전에 다가가는 현상을 보지 못하고 조치를 취하지도,
심지어는 저항도 하지 않았다는 것은 지금에 와서 되돌아보면 이상한 일
이다.

독일어를 사용하던 중앙 유럽에서 문화 전쟁은 인쇄기를 통해 수적
인 면에서나 양적인 면에서 책들이 점점 더 많이 쏟아져 나오던 15세기
후반에 촉발되었다. 1500년까지의 반세기 동안 거의 2만 5,000점이 독일
에서 인쇄되었으며, 판수가 평균 250이었으므로 독일에서 600만 권의
책이 유통된 셈이었다. 대부분의 독일 인문주의자들은 교회에 비판적이
었다.

막시밀리안Maximilian 황제에 의해 계관 시인의 자리에 오른 전형적인 인
문주의자 울리히 폰 후텐Ulrich von Hutten(1488~1523)은 특히 쾰른 대학의 구
식 교수법(그는 그리스어를 배운 볼로냐 대학을 비롯하여 대학을 일곱 군데나 섭렵했
다)과 면죄부 판매, 수도승들의 무익한 생활, 로마의 부패와 성물 판매 등
을 공격했다. 콘스탄티누스 증여에 대한 발라의 책을 신판으로 출간한
것도 중요한 업적이다. 그는 재기와 박력이 넘치고 대중적인 표현이 가

득한 새로운 유형의 독일어로 유창하게 글을 쓰면서 새로운 민족주의로 나아갔다. 민족주의는 알프스 산맥에서 북쪽으로 격동하던 르네상스의 한 소산이었다. 사실 그는 완전한 르네상스인이었고, 심지어는 르네상스의 새로운 재앙인 매독으로 생을 마감했다.

그는 라틴어를 새롭게 학술적으로 발음하면서 교회의 또 다른 취약점인 '야만적인' 라틴어 사용을 비난하고, 자신의 고전 그리스어에 대한 '정확한' 발음에 자부심을 느꼈다. 라틴어와 그리스어 발음은 문화 전쟁에서 누구 편인가를 보여주는 분명한 테스트였다. 교회 당국이 그에 반대하는 움직임을 보이자 여타 인문주의자와 마찬가지로 후텐은 세속적인 권력에서 피난처를 찾았다. 르네상스가 발전하면서 이런 현상은 점차 정형화되었다.

최후의 거대한 십자군의 땅이자 1490년대에 이슬람과 유대인을 추방하면서 '정화'한 스페인에서도 새로운 르네상스 학자들이 진보적인 힘을 기반으로 위협적으로 교회에 저항했지만, 교회는 이런 사태를 전혀 깨닫지 못하는 것처럼 보였다. 지중해의 강대국으로 부상한 스페인은 발레아레스 제도와 사르데냐, 시칠리아, 나폴리를 흡수하면서 이탈리아의 권력도 거머쥐고 있었다. 이런 상황은 1516년 스페인의 왕으로 즉위하고, 1519년 신성 로마 제국의 황제로 선출된 카를 5세가 유럽과 세계에서 최대의 권력을 통합하기 전의 일이었다.

15세기 내내 스페인은 르네상스의 이탈리아와 접진적으로 교류했으며, 궁정과 법정은 물론이고 대주교 궁(사라고사Zaragoza)이 인문주의 학문의 중심지가 되어 고대 고전이 번역되고, 1470년 이후에는 인쇄되었다. 말썽꾸러기 로렌초 발라가 아라곤 왕 ('위대한') 알폰소 5세의 아버지의 일대기를 쓴 것은 중요하다. 그는 거의 대부분의 생애(1416~1458)를 자신의 이탈리아 영토에서 신문화를 흡수하며 보냈다.

아라곤의 페르난도와 카스티야의 이사벨은 왕위를 합하고 힘을 모아 스페인에서 인문주의를 선전했다. 이탈리아에서 교육받은 스페인 인문주의자 중 가장 정력적이던 안토니오 데 네브리하Antonio de Nebrija(1444~1522)가 스페인 최고最高의 명문 살라망카 대학의 구식 교수법에 선전포고를 한 것도 이사벨이 개인적으로 독려했기 때문에 가능했다. 그는 자신이 정복자이며 적은 '야만주의'라고 선언했다. 그는 살라망카 등에서 사용되던 구식의 라틴어 입문서를 자신의 새로운 책「라틴어 개론 Introductions to Latin」(1481)으로 대체했는데, 이사벨에게 봉헌된 이 책은 유럽 전역에서 번역되고 유통되었다.

페르난도와 이사벨은 '가톨릭 군주'로 일컬어졌고 개인적인 취향도 그러했지만 톨레도의 추기경 겸 대심문관 프란시스코 히메네스 데 시스네로스의 충고를 받아들여 인문주의 방향으로 나아갔다. 1509년 시스네로스 알칼라데에나레스 대학교9에서 히브리어와 그리스어, 라틴어를 연구하고 사제들을 새로운 인문주의자 방식으로 훈련하고자 했다.

그 결과 1514년부터 1517년에 위대한 콤플루텐세 대역 성서가 처음 인쇄되었다. 시스네로스는 에라스무스를 후원했고 에라스무스가 스페인

---

9 이후 1836년 마드리 시로 이전하면서 마드리드콤플루텐세 대학교로 이름이 바뀜.

에 와서 가르치기를 몹시 희망했다. 1516년 카를의 합스부르크 영토가 스페인에 통합되면서 북해 연안의 저지대 국가들과의 관계가 강화되었다. 이러한 배경하에 스페인 인문주의자들은 에라스무스의 풍자를 즐겼고 그의 「우둔함의 찬미The Praise of Folly」를 가장 좋아했다. 이 책은 스페인 최초의 국제적 작가인 미겔 데 세르반테스 사아베드라Miguel de Cervantes Saavedra(1547~1616)에게도 영향을 주었다. 그의 소설 「돈 키호테Don Quixote」는 중세 기사의 사라진 세계에 대한 종언이며 또 근대 생활의 비애감을 처음으로 다룬 작품이다.

에라스무스가 스페인 인문주의자의 영웅이었다면 에라스무스 자신의 영웅은 바로 발라였다. 그는 이렇게 기록하고 있다.

'내 안에서 당신은 발라가 오해를 받으면 복수하는 모습을 볼 수 있을 것이다. 나는 내가 아는 한 가장 뛰어난 그의 학문을 옹호하는 역할을 맡았다. 나는 누군가의 오만함 때문에 그의 학문이 공격을 받거나 파괴되는 것을 결코 용납하지 않을 것이다.'

그는 특히 발라의 「라틴어 입문서Elegantiarum latinae linguae」를 옹호했는데, 라틴어로 씌어진 이 책은 작가를 위한 입문서로서 탁월함의 새로운 기준을 설정했다. 50개 이상 되는 필사본과 150개의 초기 인쇄물이 아직까지 전해지는 것을 보면, 이 책이 광범위하게 보급되고 인기가 좋았다는 것을 짐작할 수 있다. 1489년 아직 학생이던 에라스무스는 이 책의 축약판을 썼고, 1498년에는 또 다른 요약본을 출간했는데 최소 50판까지 인쇄되었다고 한다.

발라와 에라스무스 모두 자신의 적을 '야만인'이라 언급했다는 데 주목할 만하다. 인문주의가 확산되면서, 특히 북유럽에서 그 언어는 좀더 독설적으로 변형되었다. 여기에 자극을 받은 교회의 지도층 인사들도 거친 언어로 대응한 것은 슬픈 일이었다. 문화 전쟁은 더욱 강도가 심해지고 악의가 깊어졌다.

지금까지 필사본과 인쇄 서적에서 공개적이고 문학적인 표현을 개관해 보았다. 이제는 청동과 돌, 그림, 석고, 벽돌, 회반죽에 기록된 말이 없지만 눈에 보이는 이미지를 볼 차례이다.

3

르네상스 조각의 분석

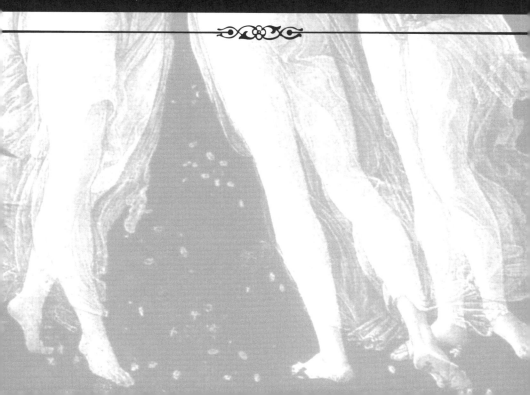

　인간의 역사에서 르네상스 시대만큼 시각 예술이 오랫동안 화려하게 빛났던 시절도 없다. 사실 그 양이 거의 무한대로 풍부하기 때문에 이를 기술하는 데에는 특별한 문제가 따른다. 순전히 연대기적 접근 방식은 지루할 뿐만 아니라 그 진수를 꿰뚫지 못할 수가 있다. 한편 범주별(조각, 회화, 건축)로 다루는 방식은 예술가 개개인이 경계선을 넘나들고, 대부분 여러 유형의 예술을 행하던 작업실 출신이라는 사실을 무시하는 것이다. 하지만 이런 사실을 유념하기만 한다면 범주적인 처리 방식이 더 분명할 터이고, 그 중에서도 조각에서 시작하는 편이 적절할 듯하다. 르네상스는 인간의 실재를 표현하는 데 관심이 있었고, 인간의 형상을 3차원으로 환기시키는 조각은 이 목적에 가장 직접적으로 부합되기 때문이다.

　르네상스 조각은 니콜라 피사노N. Pisano(1220년경~1284?)에서 시작된다. 그는 이탈리아 변경의 풀리아 출신이었지만 주로 피사와 볼로냐, 시에나, 페루자와 그 외 이탈리아 중부 도시에서 작업하였다. 그는 황제 프리드리히Friedrich 2세가 만들어 낸 화려하지만 다소 위험한 궁전 문화('세계의 놀라운 일'이라 알려짐)의 소산이다. 프리드리히는 이탈리아 남부 지방에 궁전 같은 성을 짓고 온갖 예술가와 장인을 후원했으며, 지중해 동부와 동양에서 기술과 사상을 수입하고, 특히 고전 형식을 되살리고자 했다.

황제의 남부 이탈리아 작업장에서 훈련을 받은 피사노는 토스카나에 새로운 것을 들여왔다. 바로 인체를 정확하게 표현하여 상징이 아니라 실제로서 인간의 얼굴에 보여지는 그대로의 감동을 표현해 낸 것이다. 젊음과 노년 간의 무한한 차이를 구별하며, 남자와 여자를 살아 숨쉬는 개별적인 피조물로 만들려는 고대의 열망을 들여온 것이다.

피사노는 어떤 연대기적 기준으로 본다 해도 중세 예술가이다. 기록상 그의 첫 번째 작품인 피사 세례당의 설교단(1260)은 파리의 생트샤펠이 완성되고 쾰른 대성당과 웨스트민스터 성당 회랑의 공사가 막 시작된 지 2년 후에 조각되었다. 그렇지만 그의 정신만은 중세 이후였다. 피사의 강단의 대리석 부조에는 걱정과 근심이 가득한 실제 인간의 모습이 각기 초상화로 새겨져 있다. 피사노는 그의 작품에 프랑스 고딕 조각을 통합했지만, 생기가 넘치는 형상들은 샤르트르 성당의 서쪽 정면에 길게 늘어선 성인과 천사보다 완전히 한 시대 앞선 것이다. 그 성인과 천사들은 아름답기는 하지만 그의 작품과 비교해 보면 상징적이고 생기가 없다.

1260년대 후반 작품인 시에나 성당 강단의 대리석 부조「최후의 심판」은 개념상으로는 포악한 악마가 저주받은 이들을 고문하는 중세적인 장

안드레아 피사노, 「성 장 바티스트
와 죄인들」. 안드레아 피사노가
1330년 피렌체 세례당의 남문에
만든 일련의 청동 부조의 일부. 부
조가 새겨진 안드레아 피사노의
문은 새로운 세대의 조각가들을
평가하는 탁월한 기준이었다.

면을 다루고 있다. 그러나 여기에는 고대 그리스의 이미지가 은근하게
반영되어 있다. 영혼들은 구원 여부에 상관없이 단순히 유형이 아니라
개개인으로 부상한다. 그들은 시에나 거리에서 볼 수 있는 얼굴과 걷거
나 뛴다고 상상할 수 있는 몸, 즉 실제로 움직이는 몸을 가지고 있다. 그
의 아들 조반니 피사노G. Pisano(1245년경~1319)는 이런 인간화 과정을 본격
적으로 추진했다. 그가 완성한 파도바의 아레나 교회의 대리석 조각 세
점(1305년경)은 마치 아테네의 아크로폴리스에서 튀어나온 것처럼 보일
정도다.

당시 학문적이고 고대 예술을 좋아하던 이탈리아인들은 고대 로마나
다른 도시들의 유적(지금보다 중세에 훨씬 더 광범위했다)을 헤집고 다니면

서 묘비명을 연구하고 얕은 돋을새김의 두상이 새겨진 메달과 동전을 수집했다. 또 잔해 가운데에서 부서진 조각들을 다루기도 했다. 이런 무리들 중에 예술가가 참가한 경우도 종종 있었다. 이들은 고대의 형태를 추구하는 한편 그 생산 기술까지 얻고자 했다. 이때부터 청동상 주조가 예술적인 목적으로 부활하였다. 암흑 시대와 중세에 청동 주조 기법이 완전히 소멸된 것은 아니었지만, 이 시대에는 주로 종을 주조하는 데 사용되었다.

피사노 부자와 전혀 인척 관계가 없는 안드레아 피사노A. Pisano(1290년경~1349년경)는 1330년 피렌체 세례당의 남문에 일련의 청동 부조를 만들면서 밀랍으로 주형을 떴고 그 후 베네치아의 주종사 레오나르도 아반치L. Avanzi와 그 팀이 주조 작업을 전담하였다. 그 이후 청동 얕은 돋을새김이 성공하면서 예술가 작업장들도 직접 주조 공장을 세웠다.

안드레아 피사노는 대부분의 초기 청동 조각가와 마찬가지로 금세공인으로 출발했다. 14세기 말 이탈리아 도시 중에서 가장 부유하고 가장 예술을 의식하는 도시로 떠오르던 피렌체의 분주한 작업장의 예술가 장인은 석회암에서 카라라 대리석, 준보석에서 보석에 이르는 거의 모든 석재와 금과 구리, 주석의 합금인 청동 등의 구리 합금의 뜨거워진 금속을 다루어야 했다. 금세공인들은 (일반적인 견해와는 달리) 르네상스 예술에서 좀더 중심적인 역할을 했다. 그들의 기술은 조각가에게, 그리고 그 디자인은 화가에게 흡수되었다.

피렌체와 다른 상업 도시들의 부자들은 자신의 부를 과시하기 좋아했다. 아마도 그들은 예술보다 보석에 더 돈을 아끼지 않았을 것이며, 화가의 임무 중에는 자신의 모델이 치장하고 있는 보석을 상세하게 기록하는 것도 있었다. 르네상스 시대의 초상화 화가라면 멋들어지게 보석을 그려낼 수 있어야 했다. 구약과 신약의 장면들을 묘사하는 탁월한 패널로 이루어진 청동 문을 통해 보석 세공사들은 자신의 기술을 발휘하여 새로운 성당을 영구적으로 장식할 수 있었다. 패널이 놓이는 틀과 환경은 본질적으로 보석의 세팅과 다를 바가 없었다.

피렌체인과 그들에게 봉사한 예술가들의 의미는 그 성당의 청동 문과 관련 건물에 부속되어 있었다. 점차 정교해지기 시작한 예술품은 하느님 집의 보석이며 영원을 상징하게 되었다. 이런 작업에는 깊은 관심과 몇 년간의 노력이 필요했고, 중요한 결과를 가져왔다. 13세기에도 상업 도시들은 예술가들에게 정교한 작업을 위탁하면서 세부적이고 구속적인 계약서를 강요했다. 니콜라 피사노 또한 시에나 성당의 강단을 만드는 일을 위임받기 위해 계약서에 동의해야만 했다. 1265년 9월 29일자의 계약서에는 그가 계약한 내용이 상세하게 기록되어 있는데, 어떤 자재를 사용하고 언제 그 부지에서 작업할 것인가 등에 대해 적혀 있다.

한편 예술가들은 자기 위상을 확인할 수도 있었다. 당시 예술가들은 매우 드물었는데 이런 계약서를 통해 무명의 여러 장인들 중에서 선택된 예술가는 유명해지거나 명성을 의식하게 되었다. 조각가와 화가들은 자기 작품에 서명하기 시작했고, 피렌체 세례당 문의 부조에는 '안드레아스 우골리노 니니 데 피시스 메 페치트 Andreas Ugolino Nini de Pisis Me Fecit'라는 서명이 들어 있다. 예술가가 개인으로 부상하는 시기와 그의 작품에 개인이 출현하는 시기는 서로 일치했으며, 이 두 과정은 서로를 부추겼다.

예술에 대한 투자를 더 많이 할수록 재능 있는 젊은이들을 끌어모을 수 있다는 점을 간파한 후원자들이 주요 계약에 공공연히 경쟁을 붙여 이들을 더욱 자극했던 것도 이탈리아 도시 상업주의의 결과였다. 14세기 말 피렌체는 평화와 번영, 시민의 자부심을 누리고 있었고, 시의 장로들은 두 번째 세례당 문을 위임하기로 결정했다. 안드레아 피사노의 문은 새로운 세대의 조각가들을 평가하는 탁월한 기준이었다.

1401년의 후속적인 경쟁은 피렌체 르네상스의 실제 시작을 알리는 사건으로 취급되는 경우가 많다. 분명히 대단한 사건이었다. 성당 당국자는 물론이고 시의 길드와 인근 시에서 온 이들로 구성된 심사위원만 모두 34명이었다. 그들은 이탈리아 전역에 이 경쟁을 선전했고, 거장이나 미래의 거장들이 반도 전역에서 모여들었다. 경쟁은 7명으로 좁혀졌는데 필리포 브루넬레스키F. Brunelleschi (1377~1446)와 자코포 델라 퀘르차 Jacopo della Quercia(1374~1438), 로렌초 기베르티 L.Ghiberti (1378~ 1455) 등 당대 최고의 예술가   3명도 여기에 포함되었다. 후보자 명단에 오른 각 후보들은 네 개의 청동 조각에 '산 제물 이삭'을 보여주는 도안을 그려야 했다.

그 중 브루넬레스키와 기베르티의 도안이 우선 선정되었고, 심사위원들은 그 중 하나를 고르느라 고심했다. 사실 프로젝트의 규모와 비용의 막대함을 감안하여(결과적인 비용은 2만 2,000플로린이었고 피렌체의 전체 방어 예산에 맞먹었다) 최종적으로 결정하는 데 2년이나 걸렸다. 결국 기베르티가 계약을 따냈는데, 아마도 심사위원들은 그가 성공적으로 일을 마무리할 가능성이 가장 높았다고 생각한 모양이다. 그리고 그들의 예측은 옳았다.

기베르티가 「자서전Autobiography」에서 자랑하듯이 그는 '부의 추구'보다 예술을 우선시했다. 그는 대단히 양심적이고 편집증적이었으며 완벽주의자였다. 그의 작업 속도는 매우 느려 보였지만, 중세 후기와 르네상스 초기의 장인에게 현대에서는 상상도 할 수 없는 질이 요구되었고 실행 속도는 그다지 중요하지 않았다. 기베르티는 보석 한 점이나 묘비 하나를 완성하는 데에도 몇 년이 걸렸고, 청동 한 조각을 손으로 완성하는 데에만 몇 달이 걸렸을 것이다. 그는 보통 3년을 투자하여 커다란 대리석상 하나를 완성했다.

기베르티는 1403년 젊은 나이에 청동 문을 제작하기 시작했고, 20년 후에 계약대로 모든 작업을 마쳤다. 당시 그는 청동 문의 세 번째 세트(후에 천국의 문으로 알려진다)를 만들라는 위임을 받았다. 그는 죽기 3년 전인 1452년에 이 작업 역시 완성했다. 그는 실질적으로 반세기가 넘는 작업 기간을 이 피렌체의 문을 만들면서 보낸 셈이다. 그에게는 도나텔로와 베노초 고촐리B. Gozzoli(1420~1497), 파올로 우첼로P. Uccello(1397~1475), 안토니오 델 폴라이우올로Antonio del Pollaiuolo(1431~1498)와 (아마도) 루카 델라 로비아Luca Della Robbia(1399~1482) 등 유능한 조수가 여럿 있었다. 그의 작업장은 르네상스의 매우 창조적인 용광로였다.

그러나 그 자신은 철두철미한 예술가 장인이었다. 기베르티 자신도 인정했듯이 점차 커져 가는 이 작업(첫 번째 문만 하더라도 가장자리의 무게가 3만 4,000파운드나 되는 28개의 패널로 구성되었다)은 '많은 배려와 근면…… 이해와 기교로' 실행되었다. 당시의 기술 상태에 따라 주물중에 실패로 끝나 다시 해야 하는 것도 있었고, 잘 주조되었다 하더라도 완성하는 데 몇 년이 걸리기도 했다. 기베르티의 문은 극적인 삶의 성경을 재창조하면서 이탈리아 전역의 예술가들과 수집가들의 길잡이가 되었다. 이들은 이곳에 방문하여 그의 작품을 찬미하며 한 수 배워 갔다. 그 문은 르네상스가 당시까지 이룩한 모든 것을 요약했으며, 젊은 예술가들의 나갈 길을 알려 주었다.

기베르티의 교훈을 가장 생산적으로 흡수하여 자기 작품을 확실하게 일구어 간 조각가는 도나텔로였다. 그의 생애와 작품은 우리에게 르네상스가 무엇이었으며, 또 어떤 것이 르네상스가 아니었는지에 대해 많은 이야기를 해준다. 작가와 예술가들은 르네상스 이면의 사상과 문학에서 진리에 도달하고 예술에서 우리가 본대로 진리를 표현한다는 압도적인 욕구로 최고 수준에 오를 수 있었다. 르네상스는 확정적인 것이 아니었다. 예술가들은 강박 관념에 사로잡혀 그 목적에 순응하도록 강요되지 않았으며, 오히려 자기 자신을 되찾아 자신의 능력을 완전히 개발할 기회가 중세보다 더 많아졌다. 이제 천재성의 족쇄가 풀린 것이다.

도나텔로보다 더 분명하고 오래 천재성을 소유했던 이도 없었다. 그는 1386년 피렌체에서 태어나 80년 뒤에 이곳에서 죽었다. 도나텔로는 지금까지 살았던 예술가 중에서 가장 위대한 예술가들 중 한 사람이며 어

떤 면에서는 르네상스의 중심 인물이다. 이
전의 예술가들에게는 예술에서 무엇을 하
고 무엇이 행해져야 하는지에 대해 한정적
인 목표가 있었다. 하지만 도나텔로 시대에
는 한결같이 그리고 충격적일 만큼 독창적
이었기 때문에, 그 뒤로는 어떤 한계조차 사
라진 것으로 보였고 예술가는 오로지 자신
의 능력으로만 평가받게 되었다.

도나텔로는 비천한 목각사의 아들로 태
어나 평생 동안 손으로 일했다. 기베르티
(1404년부터 1407년까지 그의 도제였다)처럼 성
공한 다른 르네상스 예술가들과는 달리 도
나텔로에게는 사회적인 겉치레나 미학적인
자부심, 허세가 없었다. 그는 장인처럼 거칠
게 말하며 살았다. 후원자들이 위대한 예술
가의 위상에 걸맞다고 생각되는 좋은 옷을
그에게 주기도 했지만 그는 한두 번 입어 보

도나텔로, 「예언자 하바쿡」. 인간 개개인을 자
기 발로 서게 하여 고대와 마찬가지로 개별 조
각상으로 만든 이는 바로 도나텔로였다.

고는 버렸다. 그는 돈을 많이 벌어 본 일이 없었고 나이 들어서는 그를 숭
배하던 코시모 데 메디치로부터 연금을 받아 생활했다. 그는 상류 사회
로 자리를 옮긴 예술가들이라고 해서 재능이 뛰어나거나 유명한 사람이
된다는 사실을 인정하지 않은 것으로 보인다. 그는 이런 일에는 흥미가

없었기 때문에 르네상스의 중요한 사실인 예술가-명사의 출현에 대해 전혀 감동받지 않았다.

도나텔로는 비범할 정도로 예술적인 완전성을 지녔다. 그는 명령대로 이행하지 않았으며 장인-예술가로서 위압적인 명예심을 소유했다. 자기가 생각하기에 옳은 것을 자기 식으로 자기 보조에 맞췄을 것이다. 군주와 추기경들이 그에게 감동을 줄 수는 없었다. 그는 평민이었지만 적어도 예술적인 문제에 대해서는 그들과 동등하거나 선생의 위치에서 말했다.

기베르티와 마찬가지로 도나텔로 역시 완벽주의자였고, 자신이 옳다고 여기는 것을 얻기 위해 몇 년을 투자하기도 했다. 그는 서두르지 않았으며 만약 위협을 받는다면 도구를 내려놓았을 것이다. 그의 이름은 수백 장의 문서에 기록되었고, 그의 무례한 말과 거친 기질을 비롯해 고집을 부리고 명령을 들으려 하지 않았다는 사실에 대한 여러 이야기가 전해지고 있다. 다행히도 그의 후원자들은 그를 존경했다. 르네상스 시대에 대단한 예술 작품이 그렇게 많이 생산된 이유 중에는 위대하고 부유한 많은 사람들이 예술 정신과 가치를 아는 예술가들을 기꺼이 존경했던 것도 한몫 한다.

도나텔로는 엘리트들을 교육하여 예술가와 진정으로 협동할 수 있도록 이끌었다. 완고한 평민이던 그가 역설적으로 미의 생산자의 사회적 지위를 장인에서 예술가로 끌어올리는 역사적인 역할을 하게 된 것이다. 도나텔로 이후에는 과거로 되돌아갈 수 없었다. 우선 피렌체와 그 후 이탈리아 전역에서 예술가는 존경과 관심 그리고 경외, 찬미, 영예의 대상이 되었다.

도나텔로의 기술적 성취는 엄청났다. 그는 치장 벽토, 밀랍, 완성된 청동(직접 주물 하지는 않았다), 점토, 대리석, 가장 부드러운 것에서 가장 단단한 것까지의 온갖 석재, 유리, 나무 등 어느 것으로도 작업할 수 있었다. 원하면 페인트와 금박을 이용하기도 했다. 그는 특정 기법을 따르지 않고 필요하면 즉흥적으로 작업했고 새로운 효과를 얻기 위해 구할 수 있는 재료는 모두 이용했다.

그는 「코르다이의 성모Madonna dei Cordai」(피렌체 바르디니 박물관)를 만들기 위해 성모와 아기 예수를 톱니바퀴처럼 나무에 파고 응고 물질에 넣은 다음 평평한 바닥에 놓고, 그 위에 금박 가죽의 모자이크를 놓은 후에 모든 것을 칠하고, 마지막으로 유약을 발라 고착되게 만들었다. 창조적 정신이 임의로 선택하여 특정한 용도에 맞게 자료들을 섞는 이 예술적 기법은 후에(거의 500년 후에) 프랑스에서 브리콜라주bricolage라 불리게 된다.

이런 자발성은 특히 15세기 초반에 두드러졌다. 도나텔로는 세심히 계획하고 숙고하여 기존 기법을 확장하는 재능도 있었다. 그는 드로잉과 크게 다를 바가 없는 '평부조rilievo schiacciato'라는 섬세한 얇은 돋을새김 형식을 고안했다. 그는 필요하면 느릿느릿 세밀하게 작업했지만, 그보다 더 자신 있고 편안하게 재료를 이용한 예술가는 거의 없었다.

그는 끊임없는 독창성을 발휘하여 언제나 이전에 행해지지 않은 일을 해냈다. 그 이전에도 예술가들은 중세 예술의 특징인 집단적인 인간의 묘사에서 벗어나고 있었다. 그들은 청동이나 석조의 높은 돋을새김에서도 인간을 개개인으로 표현했고, 더 나아가 배경에서도 도드라지게 했다. 그러나 인간 개개인을 자기 발로 서게 하여 고대와 마찬가지로 개별 조각상으로 만든 이는 바로 도나텔로였다. 이런 일에는 조각상이 옆으로 쓰러지는 것을 막는 등의 기술 혁신이라는 문제가 상당 부분 관련되었는데, 이렇게 과학 원칙을 시각적 표현에 적용하는 것 역시 전형적인 르네상스의 특성이었다.

도나텔로가 혁신을 일으킨 열두 가지의 방식에 대해 알아보자.

첫 번째, 1408년 피렌체 대성당의 서쪽 대성문(현재 두오모 미술관 소장)에 완성된 그의 초기 걸작 「성 사도 요한St. John the Evangelist」은 고의적으로 왜곡된 비율로 만들어져 정면 사진으로는 지나치게 길고 불안해 보인다. 그러나 도나텔로가 의도한 위치에서 올려다보면, 이 걸작은 압도적일 정도로 견고하고 힘이 넘쳐난다. 이전에는 그처럼 신념에 넘쳐 작업한 이가 없었다.

두 번째, 도나텔로는 고대 예술의 모형을 이용하여 조각상에 무게와 권위를 더했다. 초기 작품(1411~1413) 중에서 피렌체 오르산미켈레의 외부 벽감에 세운 대리석상 「성 마르코St. Marco」는 진정한 르네상스의 형상이며, 아직도 중세의 작품으로 보이는 기베르티의 작품과 비교된다.

세 번째, 그는 조각상이 살아 있는 것처럼 보이게 했다. 오르산미켈레의 무기상 길드의 벽감에 위치한 석조 조각 「성 게오르기우스St. Georgius」(현재 바르젤로 소장)는 마치 갑옷을 뚫고 튀어나올 듯한 형상이다. 발치의 공으로 균형을 잡고 서 있는 이 조각상의 얼굴과 손에는 생기가 가득하다. 후에 바사리가 언급한 대로 '돌에서 터져 나오는 생명력이 멋지게 암시'되어 있다.

네 번째, 주물 전문가 미켈로초의 도움을 받은 도나텔로는 「툴루즈의 성 루이St. Louis of Toulouse」(1418~1422, 현재 피렌체 산타크로체 교회의 부속 박물관 소장)를 통해 청동상의 가능성에 대한 객관적인 교훈을 주었다. 그는 주교관主敎冠과 장갑과 홀장笏杖을 따로 주물하고, 여러 부위에 멋진 거푸집을 주물하여 자신의 재능을 완벽하게 보여주었다. 조토 디 본도네Giotto di Bondone(1266~1337)의 종탑을 위한 「예레미야와 하박국Jeremiah and Habakkuk」(1423년 이후, 두오모 미술관 소장)에서도 이와 같은 혁신이 등장한다. 그는 실험적 기법을 이용한 적절한 세팅으로 매우 생기 넘치는 예언자를 만든 후 그 아래의 거리에서 올려다볼 수 있게 했다.

생기는 여섯 번째 혁신의 비밀이기도 하다. 그는 로마 흉상을 부활시키면서 얼굴의 유품을 담아 두는 용기에 두상을 넣는 중세 관행과 결합시켰다. 그러나 데드마스크를 사용하는 경우에도 도나텔로의 두상은 살아 있는 사람처럼 보인다. 니콜로 다 우차노Niccolò da Uzzano(바르젤로)의 테라코타 흉상이 특히 뛰어난데, 이는 유럽 역사상 최초의 진정한 초상화이며 또 다른 (일곱 번째) 혁신이기도 하다.

여덟 번째 혁신은 정통의 로마 교황에 대립하는 대립 교황 요한John 23세를 위한 최초의 '인문주의' 묘소이다. 이 묘소 작업은 1419년 이후 피렌체 세례당에서 착수되었다. 닮은 형상을 주물한 후 금박을 입히는 방식은 관대와 석관, 애통해하는 성모와 다른 보조원들(미켈로초는 공동 예술가였다)을 비롯하여 건축 배경에서 중요한 요소였다. 이 묘소는 18세기 카노바의 전성기까지 여러 사람들이 모델로 삼았다.

도나텔로는 아름다운 「성 베드로에게 천국의 열쇠를 주는 그리스도 Christ Giving the Keys to St. Peter」(현재 빅토리아와 앨버트 박물관 소장)에서처럼 그의 새로운 평부조에서 이야기를 위해 처음으로 복잡한 장식 배경을 사용했다.

열 번째 혁신은 (여기에서나 다른 데에서) 새로운 종류의 대기 원근법의 사용이다. 그는 성층화한 대리석으로 구름을 표현하기도 했으며, 젖은 치장 벽토에 자와 삼각자를 올려 두었다가 재료를 주걱으로 잘라 층이 뒤로 물러서는 것 같은 효과를 연출했다. 시에나 성당 세례당의 정면에 제작된 「헤로데의 연회 The Feast of Herod」(현재 프랑스 릴 미술관 소장)는 도나텔로가 건축을 이용하여 낮은 돋을새김을 상쇄한 훌륭한 예이다. 한편 피렌체 대성당의 성가대석에 그려진 천국의 결백한 영혼들의 환희에 가득 찬 춤은 그 반대이다.

도나텔로는 언제나 새로운 형식의 예술을 발견하여 새로운 장사 기법(그는 이렇게 말하곤 했다)으로 조명했다. 피렌체의 산로렌초에 있는 옛 성구실의 네 개의 작은 원형 창에 위치한 4명의 성인들은 전형적인 성인의 모습이 아니라 실제로 노인처럼 보인다. 사도 요한의 생애를 다룬 성구실의 네 개의 원형 창 역시 혁신적이다. 창틀에 의해 절단되어 부분적으로만 표현되는 수많은 인물들은 생동감이 느껴지는 동시에 충격적으로

다가오기 때문에, 그 원형 창은 마치 우리가 실제 장면을 볼 수 있는 창문처럼 보인다. 이런 장치는 이전에는 아무도 생각하지 못했던 것이다.

도나텔로는 무엇보다 리얼리스트였다. 그가 성 로렌스St. Lowerence 순교의 코시모 데 메디치를 위해 제작한 청동 패널은 성인의 죽음의 고통이 너무나 무섭게 그려지고 이를 동반하는 신약 성경의 장면들이 당대로서는 너무 파격적이어서 16세기가 되어서야 산로렌초에 설치될 수 있었다. 흉측할 정도로 늙은 나이의 「성 막달라 마리아의 목조상The Wooden Statue of St. Maria Magdalena」(두오모 미술관 소장) 또한 소름끼칠 정도이다. 이 작품은 도나텔로의 마지막 작품으로 추정된다. 또한 대단한 작품인 성 요한St. John의 청동상은 아직도 시에나 성당의 자리를 지키고 있다.

이처럼 극적이고 비극적인 작품들이 과거에는 만들어진 적이 없었다. 도나텔로의 최고 걸작으로 꼽히는(사랑을 가장 많이 받은 것은 확실하다) 「다비드David」 청동상은 원래는 새로운 메디치 궁(현재 바르젤로 소장)의 중앙 뜰에 위치했으며, 사실주의보다는 환상적인 상상력의 소산이다. 나신의 다비드는 긴 머리에 챙이 넓은 모자를 쓰고 있으며 소녀처럼 아름답고 놀랄 정도로 젊다. 이 대담한 관념의 충격과 자극 그리고 도발을 안겨 주는 이 청동상에 대해 학식 있는 피렌체 엘리트 계층일지라도 처음 장막이 벗겨졌을 때 과연 무슨 생각을 했을지 대단히 궁금하다. 도나텔로는 언제나 그러했듯이 이런 일에 신경 쓰지 않았다. 그는 (사회도 당국도 아니고) 자신의 천재성이 지시하는 그 방식대로 자기 예술과 하느님께 봉사했다.

도나텔로 시대에 재능은 뛰어나지만 중요성이 덜한 예술가들은 빛을 잃게 마련이었다. 하지만 이러한 예술가들은 그에 압도되지는 않았다. 15세기 초 이탈리아의 예술 시장은 방대했고, 영리한 예술가들은 도나텔로의 작품을 세심히 관찰하여 무언가를 훔쳐내거나 직접 혁신할 수 있는 방책을 모색했다.

당대의 젊은 피렌체인 루카 델라 로비아는 피렌체 대성당 풍금석의 대리석 대형 성가대석을 위탁받았다. 그는 도나텔로처럼 세심하게 고대를 연구했으며, 적절하다면 중세의 이미지와 효과를 되살리는 것도 좋을 것으로 생각했다. 그의 대리석 조각은 나름대로 정교했고, 그는 도나텔로가 테라코타를 회화 재료로 부활시킨 것을 재빠르게 이용하여 대단한 상업 예술가로서의 가능성도 내비쳤다.

1430년대에 그가 주석을 기초로 하는 유약을 테라코타용으로 발명한 사건은 당대, 아니 전 시대에 걸쳐 중요한 예술적 발견이었다. 이 강력한 유약은 색채를 보호하는 동시에 강렬함을 더했고, 배경에 깊이와 빛을 더해 주면서 형상의 아름다움으로 의미와 감동을 부여했다. 이런 식의 최초 작업은 (문서상으로는) 1441년으로 추정된다. 유약을 바른 테라코타는 즉각적인 매력과 비교적 저렴한 비용 때문에 곧 인기를 끌게 되었다.

로비아는 조카 안드레아와 함께 매우 생산적인 작업장을 만들어 유럽 대부분의 지역에 표본을 수출하였다. 이 표본들은 조각으로 분해되었다가 재조합될 수 있었고 쉽게 수송이 가능했다. 또한 예술품 자체로서는 물론이고 서재나 침실, 식당을 장식하고 교회의 우아하면서도 실용적인

물품(벽감, 성수 그릇, 성골함, 십자가의 길)으로도 적절했다. 또 제단 장식이나 작은 원형 창, 천장의 양각 장식 등 대규모의 용도로도 사용될 수 있었다.

로비아는 위대한 예술가보다는 즐겁고 매력적인 예술가에 가까웠다. 그가 당대 유럽 예술 시장을 관통한 힘은 막대했으며 그의 영향력 역시 중요했다. 그는 남유럽은 물론 북유럽 전역에서 군주나 귀족 이외의 여러 사람들에게 르네상스를 전파했고 그를 흉내낸 이들도 많았다. 어쨌든 이탈리아에서 예술의 주역은 더 높이 바라보는 조각가에게, 특히 독립적으로 서 있는 형상이나 기마상을 만들 수 있는 조각가에게 넘어갔다.

도나텔로와 미켈란젤로라는 조각가의 양대 산맥 중간에는 안드레아 델 베로키오가 있다. 그 역시 피렌체인이었고 그의 아버지는 (아마도) 장식 벽돌을 다루는 벽돌 제작자였다. 그는 어려서부터 금세공인과 관련이 있었다. 특히 피렌체에서 금세공인들은 기술과 실험 환경을 제공하여 수많은 예술가를 산출해 냈다. 시각적으로 창조적인 르네상스의 지도자 대부분이 광범위한 의미에서 예술가라는 점을 명심할 필요가 있다. 그들은 회화와 조각은 물론 건축에서도 특별한 기술이 요구되는 어떤 종류의 예술품이라도 만들어 냈으며, 시장이 있거나 생길 수 있다면 어느 것이나 만들었다.

베로키오는 금세공인으로 첫발을 내딛었지만 재빨리 건축 분야에 눈을 돌려 작품을 위탁받기 위해 경쟁하고, 많은 금속 작업에 관여했다. 피렌체 대성당의 정탑頂塔의 거대한 구리 공을 만드는 작업 역시 그가 맡은 일이었다. 그는 독립 작업장을 운영할 정도가 되자 조수들과 함께 실질적으로 모든 재료를 이용하여 보석에서부터 거대한 청동상과 대리석상은 물론 기념비의 그림과 도안 건축 및 전시용을 위한 것까지 만들어 냈다. 당시 작업장은 고객들이 찾아와 물건을 사거나 복사본을 주문하거나 또는 원하는 작업을 위임하는 소매상 역할을 겸하고 있었다. 그의 회화 영역과 다양한 재주와 능력 (그리고 사업 기질) 때문에 (그 중 몇 명만 거론하자면) 레오나르도 다 빈치와 페루지노, 로렌초 디 크레디Lorenzo di Credi처럼 유능한 젊은이들이 그에게 한 수 배우기 위해 몰려들었다. 그의 작업장이 대성황을 이루자 그는 베네치아에도 작업장을 열게 되었다.

피렌체의 예술가 중에서도 조각가와 화가는 심한 경쟁 관계에 있었고, 시의 후원자나 개인적인 후원자 모두 이를 독려했다. 베로키오는 그 중에서도 가장 경쟁적인 인물로 폴라이우올로 형제가 경영하는 작업장 등은 물론이고 (생사와 무관하게) 개별 예술가들과도 경쟁했다. 그의 「돌고래와 함께 있는 소년Boy with a Dolphin」(피렌체 베키오 궁 소재)은 고대 예술에서 가장 인기 있던 주제를 채택하여 시대를 초월하려는 시도였고 그 결과는 매우 성공적이었다. 그의 「다비드David」(바르젤로)는 도나텔로의 훌륭한 조각상이 뿜어내는 젊은 매력에 대한 고의적인 도전작으로, 도나텔로의 「다비드」보다 더 씩씩해 보이고 세부 묘사가 뛰어나기 때문에 당대에 더 인기가 있었을 수도 있다.

그가 생애의 마지막 10년을 투자한 그의 걸작 역시 도나텔로를 능가하려는 시도였다. 청동으로 주물된 실물 크기와 그 이상의 기마상은 고대 예술의 최고의 업적으로 간주되었다. 콘스탄티노플에서 훔쳐 온 베네치

안드레아 델 베로키오, 「바르톨로메오 콜레오니 장군의 기마상」. 베로키오가 생애의 마지막 10년을 투자한 그의 걸작은 도나텔로를 능가하려는 시도였다. 청동으로 주물된 실물 크기와 그 이상의 기마상은 고대 예술의 최고의 업적으로 간주되었다.

아 성마르코 성당의 네 필의 고대 말을 보면, 사람이 올라타지 않은 말의 조상을 조각하고 주물하는 작업이 얼마나 어려운지를 알 수 있다. 1445년부터 1455년까지 도나텔로의 최고의 업적은 파도바의 성안토니 교회 앞에 있는 기마상 「가타멜라타Gattamelata」를 제작했다는 것이다.

이제 베로키오는 이를 뛰어넘어 바르톨로메오 콜레오니B. Colleoni 장군의 기마상을 만들어 베네치아에서 가장 눈에 띄는 장소, 바로 산티조반니에파올로 교회의 밖에 세웠다. 이 작품은 기술적인 면에서도 걸작이지만, 미학적으로 르네상스 시대에 전쟁을 수행한 인간들의 잔혹성에 대한 사실적 묘사가 압권이다. 사실 기마상 중에서 이 작품이 가장 유명하고 성공작이라는 의견이 있는데, 이 작품을 보면 베로키오가 후원자들로부터 그렇게 많은 비용(350플로린)을 어떻게 얻어냈는지를 이해할 만하다.

다른 어떤 시설보다도 이 근면한 예술가의 작업장을 자세하게 연구한다면 르네상스 예술에 대해 좀더 알 수 있을 것이다. 준비 단계의 드로잉, 밀랍, 점토의 모형(고객들에게 자신의 돈으로 무엇을 기대할 수 있는지를 보여 준다)과 좀더 완성된 테라코타 모형이 있었기에 구체적인 결과가 가능했다. 공방과 작업장 그리고 별채에는 베로키오가 비밀스러운 과정을 거쳐 만든 실제 머리와 팔, 손, 발, 무릎의 석고상 등 모든 종류의 도구가 구비되어 있었다. 이런 도구들은 베로키오나 그 조수들의 조각과 회화 작업에 이용되었다. 그는 조각이나 그림의 옷을 걸치는 미술 효과를 내기 위해 남녀 두상의 드로잉을 모아 두고 점토로 모형을 만들어 회반죽에 담근 옷을 입혔다. 베로키오 문하의 레오나르도와 다른 이들도 이런 관행을 받아들였다.

베로키오의 작업장에 대해 알게 되면 르네상스 예술의 이면을 엿볼 수도 있다. 또 르네상스 시대의 최고의 예술가들이 이 집중적인 수련을 쌓고, 작품에 대한 세심한 준비 과정에서 인간이 천재적으로 고안해 낸 모든 기계적인 도움을 이용하여 기반을 쌓아 나간 방식도 알 수 있다. 그 배후에는 더없이 훌륭한 예술을 만들겠다는 열정과 더불어 돈을 벌겠다는 욕망도 존재한다.

르네상스 조각가들이 고대 예술과 경쟁하기 위해 반드시 작업장의 석고 주물에 의존할 필요는 없었다는 점에 주목하자. 어떤 의미에서 고대 미술 양식은 그들 주변에 늘 널려 있었다. 로마 조각상의 부서진 팔과 다리와 머리는 중세 말기 이탈리아에 여전히 산재했다. 14세기에 들어서면서 수집가와 예술가들은 이들을 높이 평가하기 시작했다. 예술 애호가들은 상당한 값을 치르고 두상과 흉상을 구입하여 시의 가족 궁 궁정이나 시골 별장의 정원 테라스에 놓아 두었고, 예술가들은 이런 작품을 연구하고 모방했다. 이름 있는 조각가라면 자존심 때문에 거부했겠지만, 후원가에게 고용되어 부서진 고대 미술상을 고치고 형상을 완성하기 위해 새로 조각을 하는 이도 생겨났다.

학자들이 수도원 도서관에서 고전 작품의 초기 필사본을 찾았듯이, 예술가들은 예술적인 보물을 찾아 로마의 유적을 헤치고 다녔다. 완전한 석조상이나 대리석은 드물었고 청동상도 매우 희귀한 편이었다. 어쨌든 그리스 원본을 로마에서 본뜬 작품이 최고로 손꼽혔다. 나체 소년이 발에서 가시를 빼내는 모습을 담은 1세기의 「스피나리오Spinario」는 완전한 상태로 보존된 청동상 중의 하나이다. 이 작품은 로마 라테란의 성요한 대성당 밖의 기둥 위에 있었고, 그 인근에는 특히 예술가들에게 많은 칭송을 받은 마르쿠스 아우렐리우스Marcus Aurelius의 청동 기마상이 있다. 마르쿠스 아우렐리우스를 본 도나텔로와 베로키오가 청동 기마상을 만들겠다고 자극을 받은 것처럼, 도나텔로는 「스피나리오」를 보고 「다비드」를 만들 힘을 얻었을 수 있다. 이 작품은 도나텔로에게 「다비드」를 만들도록 영감을 주었을 수도 있다.

15세기 말 정력적인 수집가들은 조상이 파묻혔을 만한 고대 부지를 발굴하는 데 엄청난 돈을 쓸 준비가 되어 있었다. 이런 과정에서 1490년대에 진짜 그리스 조각상 아폴로 벨베데레가 로마에서 빛을 보게 된다. 그 뒤를 이어 1506년에는 고대 예술품 중 최대 걸작인 「라오콘Laocoön」이 발굴되었다. 교황 율리우스Julius 2세(재위 1503~1513)가 이 두 작품을 모두 구입하여 자신의 조각상 컬렉션 중 최고로 여겼고, 이는 현재의 바티칸 박물관의 주요 작품이 된다.

바사리에 의하면, 특히 율리우스 2세의 궁에서 고대 형식의 연구가 소위 전성기 르네상스의 거장들(특히 레오나르도와 라파엘로, 미켈란젤로)의 작업에 매우 중요했다고 한다. 미켈란젤로는 고대인으로부터 도안과 주제 및 재료의 선택, 실제 조각, 마무리, 부분과 전체의 균형에 이르는 모든 방식을 배웠다. 무엇보다 걸작과 위대함의 의미를 발전시켜 완전한 경외감을 불러일으키는 예술 능력(이탈리아인들은 이를 경외terribilità라 부른다)을 배웠다.

미켈란젤로는 1475년 피렌체에서 태어나 88년 후에 로마에서 세상을 떠났다. 그가 실제로 예술 활동을 한 기간은 70년이 넘는데 그는 이 기간에 쉬지 않고 조각가, 화가, 건축가로 일하면서 시도 썼다. 위대한 예술가 중 신경증에 동성애자이고 신플라톤주의의 신비주의자라는 등 미켈란젤로만큼 헛소리를 많이 들은 이도 없다. 사실 그는 매우 재주가 많고 정력이 넘치는 예술가였다. 자기가 만들어 내지도 않은 계약상의 혼란으로 고통을 겪은 경우가 많았지만, 최선을 다해 자기 예술을 행하고 하느님을 경배하는 것을 제외하면 그 어떤 일에도 관여하지 않았다.

미켈란젤로는 주로 조각가로 활동했고, 인간의 형태를 표현하는 매체나 특정한 방식을 파악하기보다는 그 자체에 흥미를 느꼈다. 분명 그는

미켈란젤로, 「피에타」. 미켈
란젤로는 22살에 이 작업을
시작하여 3년 후에 훌륭하게
완성했다. 이상적인 종교 작
품으로서 경외와 감사·슬픔
·기도를 불러일으킨다.

최고의 기법으로 조각했고, 그의 그림 또한 이차원의 조각이라 할 수 있
다. 세티냐노 출신의 석조 조각가의 아내가 그의 유모였는데, 미켈란젤
로는 바사리에게 자신이 젖과 함께 '끌과 나무메를 빨아먹었다'고 말하
기도 했다. 그의 아버지는 사회 진출을 꿈꾸는 야심 많은 피렌체의 중산
층이었다. 그는 미켈란젤로를 13살 때까지만 학교에 보냈고, 미켈란젤로
가 조각을 직업으로 택하겠다고 하자 조각은 수작업으로 하는 비천한 직
업이라며 몹시 탐탁해하지 않았다. 바로 이런 이유로 이 소년은 1488년
화가 도메니코 기를란다요의 도제가 된다. 그 다음 해에 그는 산마르코
의 메디치가의 조각 정원 작업장에 들어가 독학으로 고대 반인반양의 두
상을 본뜨는 방법을 배워 '위대한' 로렌초의 관심을 얻게 된다.

미켈란젤로는 17살에 최초의 걸작인 대리석 부조 「켄타우로스의 격투 The Battle of the Centaurs」를 만들면서 거듭나게 된다. 그는 매우 손쉽게 그리고 깜짝 놀랄 정도로 경제적으로 이 흥미로운 작업을 해냈다. 벌거벗은 남자의 형상은 관객의 마음을 사로잡는 특별한 에너지를 보여 준다. 그러나 이 작품은 정확한 이유는 알 수 없지만 미완성의 상태이며, 이런 현상은 후에 미켈란젤로 작품의 특성으로 자리매김하게 된다.

그렇지만 그는 최초로 위탁받은 중요한 작업 「피에타 Pietà」(성모 마리아와 죽은 예수 그리스도)를 완성하였다. 로마의 한 프랑스 추기경의 묘소에 설치될 예정이었던 이 작품은 현재 성베드로 성당에 소장되어 있다. 미켈란젤로는 22살에 이 작업을 시작하여 3년 후에 훌륭하게 완성했다. 어떤 기준으로 보아도 성숙하고 위엄이 넘치는 이 작품에는 힘(성모)과 파토스(그리스도), 고귀함과 부드러움, 인간의 나약함에 대한 인식과 이에 상쇄하는 인간의 인내가 결합되어 있어, 이를 연구하는 이들에게 여러 감정을 느끼게 한다.

이 작품은 이상적인 종교 작품으로서 경외와 감사·슬픔·기도를 불러일으킨다. 조각의 기준을 놓고 볼 때 육체와 옷감의 기법 모두에서 인간 역사상 전례가 없었던 작품이었기에, 이 작품이 완성되었을 때 지식층과 일반인 모두에게 어느 정도의 경악과 존경을 불러일으켰을지 가히 상상할 만하다. 이 젊은 조각가는 신동으로 인식되었고, 이 작품에 쏟아진 찬사를 통해 미켈란젤로는 예술적 초인으로서의 명성을 얻기 시작한다. 그는 이제 자기의 몇몇 작품과 마찬가지로 실물 이상이 되었고, 신적인 능력을 부여받은 초인으로 떠올랐다.

이런 명성이 과연 예술가에게 득이 되는가에는 논란의 여지가 있다. 16세기 초 미켈란젤로는 초기 예술가들이 이미 거쳐간 거대한 대리석 덩이에서 영웅적인 「다비드」 상을 만들고 피렌체인들을 놀라게 할 의도로 노천에 전시했다(현재 피렌체의 아카데미아 소장). 골리앗의 머리와 소년의 칼을 생략한 이 거대한 작품은 벌거벗은 남성의 힘을 두려움을 갖게 할 정도로 표현했고, 기술과 에너지를 한껏 과시하고 있다. 이와 대조적으로 이제 도나텔로와 베로키오의 조각상은 모두 시시해지기 시작했다. 미켈란젤로의 초인적인 힘의 전설은 증폭되었고, 후원자와 대중 모두 이 위대한 작품과 그 조각가를 혼동했던 것이다.

율리우스 2세는 미켈란젤로를 로마로 불러 자신의 허영과 후대의 찬미를 위해 여러 인물상들과 장엄한 건축을 배경으로 화려한 대리석 묘소를 만들게 했다. 그는 관대한 후원자를 위해 이렇게 정력적인 작업을 할 수 있는 기회를 즐거이 수락했고 모두가 만족할 만한 작품을 제공했다. 그 중에서도 「모세Moses」는 그의 뛰어난 솜씨를 다시 한 번 확인시켜 주는 작품이다. 구약의 중심 인물이며 입법자이자 판관으로서 신과 같은 이미지를 지니는 이 작품은 미켈란젤로의 최고 걸작이라고도 불린다. 그러나 전체 프로젝트는 40년이나 걸렸고 계획대로 끝나지 않았다. 이 조각가는 명사들과 다투다가 로마에서 도망쳤고 계속되는 소송과 끝없는 근심, 심지어는 패배감까지 경험해야 했다. 이 때문에 미켈란젤로는 인간과 예술가로서 불안정한 삶을 살았고 처음에는 그림, 그 후에는 대규모 건축에 몰두하면서 묘소와는 전혀 관계가 없는 작업에도 영향을 주었다.

피렌체의 아카데미아에 묘소를 위해 제작된 「아틀라스 노예Atlas Slave」라는 작품의 몸통과 다리 등 일부 형상이 남아 있고, 나머지 부분의 대리석도 크기에 맞게 절단되었지만 작업은 더 이상 진척되지 않았다. 왜 포기한 것일까? 우리는 알지 못한다. 역시 묘소를 위해 계획된 「죽어 가는 노예The Dying Slave」(루브르)도 그 형상이 완전하고 장엄하기는 하지만, 지주가 되는 뒷부분과 바닥은 대강 작업되었을 뿐이다. 왜 그랬을까? 우리는 모른다. 성모 마리아와 아기 예수의 대리석 원형 돋을새김 두 점이 피렌체의 바르젤로와 런던 왕립 박물관에 각기 소장되어 있는데, 이것 또한 불완전하고 훌륭한 얼굴과 팔다리가 대강의 작업에서 잠정적으로 모습을 드러낼 따름이다.

미켈란젤로는 장엄하거나 아름다운 도안을 생각해 내면 대강 윤곽을 잡아 부분을 완성하다가 나머지는 그냥 내버려둔다. 시간이 없어서인지 다른 일의 압박 때문인지, 아니면 자기 일에 불만이 있었거나 그것도 아니면 단지 지쳐서인지 분명하지 않다. 물론 위대한 예술가들은 자기 일을 미완으로 놔두는 경향이 있기도 하다. 미완성이 자발성과 영감의 인상을 주는 반면, 세세한 것까지 꼼꼼하게 마무리된 작품에서는 이런 인상이 흐려지기 때문이다. 메디치가의 대묘소의 경우 사색에 잠긴 로렌초의 경외심을 불러일으키는 좌상은 그 아래의 두 보조의 나신과 마찬가지로 완벽하지만, 벽감이 비어 있어서 일종의 불완전한 기운을 내비치고 있다.

미켈란젤로가 영혼의 병으로 고생을 했던 것일까? 사실 그는 걸핏하면 싸우고 타인이나 자신에게 자주 화를 냈다. 그는 자신의 위대함에서 분리되고, 사생활의 결핍에 따라 격리된 인간처럼 보이며, 그의 마음에는 완성된 사랑이 결여되어 있는 듯하다. 그의 유일한 경쟁자이자 판단의 대상은 바로 신성 자체였다. 미켈란젤로는 자신에게 엄격한 한계를 두었다. 그는 확실히 청동 작업을 좋아하지 않았고 실제로도 청동 작품을 거의 만들지 않았다. 그에게 청동은 운이 없는 금속이었다. 그가 대규모로 시도했던 율리우스 2세의 청동 조각상은 뒷날 긴급 사태 때 녹여져 대포가 되었다.

그는 나무로 십자가를 만들어 채색했지만, 일반적으로는 고도의 기술로 대리석을 조각하는 것만 좋아했다. 또 정교한 건축 배경도 좋아했기 때문에 사방형이 아니라 전면으로만 볼 수 있는 것을 주로 만들었다. 스스로 강요한 이런 한계 때문에 그의 어려움은 더욱 커졌다. 그렇다고 해서 스트레스를 받으면 아름다운 소품을 만들어 위로하는 그런 유의 예술가는 아니었다. 미켈란젤로라는 인간과 그의 작품은 모두 규모가 웅대했고, 그의 승리가 서사적이듯이 그의 비극도 서사적이다.

초인적인 위인들은 자신의 주변 영역을 폭파하여 불모화하는 경향이 있다. 미켈란젤로의 조각은 동시대인들을 위축시켰고, 그 다음 세대에서도 그를 따라잡은 이는 없었다. 몇십 년의 간극 이후 또 다른 이탈리아의 영웅 잔 로렌초 베르니니G. L. Bernini(1598~1680)가 엘리야의 망토를 입고 등장하던 시기에는 이미 르네상스가 완전히 끝나고, 유럽 예술은 새로운 시대인 바로크의 시작을 알리고 있었다. 이탈리아로 귀화한 플랑드르인 잠볼로냐Giambologna는 자신이 미켈란젤로의 후계자라고 주장하면서 대리석과 청동에서 영웅적인 것을 시도했지만, 그 역시 진정한 르네상스 정신의 영역을 넘어서 있었다.

이제 미켈란젤로의 중기와 후기에 살았던 벤베누토 첼리니B. Cellini (1500~1571)에 대해 언급하면서 이 장을 끝내고자 한다. 그는 여러 방면에서 예술가로서의 미켈란젤로와 정반대였지만, 대단히 특징적인 르네상스 인물이다. 그는 고대의 예술을 이해하고 좋아했으며, 기술적이고 예술적인 대담성과 함께 뛰어난 재주와 능력이 있었다. 또한 인간의 아름다움을 사랑했으며 그의 작품은 복잡한 동시에 단순했다.

르네상스의 수준 높은 예술에 종사했던 여러 사람들처럼 첼리니 또한 풍부한 기술을 축적한 피렌체의 장인 계층 출신이다. 그의 할아버지는 전문 석공이었고 아버지는 전문 목수로 레오나르도 다 빈치의 대규모 작업의 뼈대를 만들었고 진보된 악기를 만들었다. 첼리니는 르네상스 시대의 알라딘의 동굴과 마술사의 소굴인 금세공인의 작업장에 들어갔고, 여기에서 얻은 기술은 금과 은을 비롯한 가장 귀한 보석에서부터 다양한 경석과 비금속에 이르기까지 모든 재료를 가지고 일하는 백과사전적 지식의 기본이 되었다. 첼리니는 르네상스 예술가 중 드물게 금세공인의 수련을 받았다(금세공인은 현존하는 금세공 작품으로 명성이 높다). 그의 초기 작품은 1527년 비극적인 로마의 약탈로 모두 사라져 버렸다. 금은 곤궁에 처하면 녹일 수 있다는 점에서 청동과 마찬가지로 영원한 명성을 누리기에는 위험한 재료이다.

첼리니가 1540년부터 1545년까지 프랑스의 프랑수아 1세를 위해 일하면서 만든 금과 범랑 소재의 뛰어난 소금 그릇이 후세에 전해져 이제 빈 미술사 박물관의 가장 큰 보물이 되었다. 이 매혹적인 작품을 만드는 데 2년이란 시간이 걸렸지만 당시로서는 대단한 속도였다고 한다. 사실 어떤 개인이나 팀도 현재 이것을 100년이라는 기간이 걸려도 만들 수 없다는 사실을 감안해 보면 그 놀라움은 당연한 것이다. 고전적인 주제와 풍부한 창조력과 재기, 모험적인 기술 및 예술과 인간에 대한 완전한 사랑을 갖추고 르네상스를 전체적으로 요약할 수 있는 예술 작품이 있다면 그것은 바로 이 영광스럽고 화려한 작품일 것이다.

첼리니는 너무나 많은 다양한 일을 했기 때문에 모두 열거하기가 어려울 정도이다. 섬세하게 조각된 앞면과 독특한 뒷면의 예식적인 메달과 동전 음각, 상징적인 기장記章, 인장을 위한 형판 등 모두가 대단한 예술적 기교를 자랑한다. 여기에는 정교한 촛대와 물주전자, 제단 가구와 식기류, 소형 청동상 등 설명할 수 있는 모든 장식품들도 있다.

또 그는 한두 번의 영웅적인 시도를 통해 성취감을 맛보기도 했다. 특히 정교한 좌대를 갖추고 벽감에 부조 패널과 네 개의 작은 청동 조각상을 갖춘 대규모 청동상 「페르세우스와 메두사의 머리Perseus and Head of Medusa」가 그러하다. 이 작품은 코시모 데 메디치 1세의 위임으로 피렌체의 시뇨리아 광장에 설치되어 미켈란젤로의 「다비드」와 도나텔로의 「유딧과 홀로페르네스Judith and Holofernes」에 대적할 예정이었다. 그는 1553년 이 작품을 완성한 후 스스로 자신의 걸작품이라고 여겼다. 신임 토스카나 공작은 이 작품이 자신이 찬미하던 기원전 4세기의 에트루리아 청동상을 상기시키기 때문에 공작이라는 자기의 지위가 상징하는 '에트루리아 부흥'을 구체화했다고 보았다. 이 작품 역시 영광스러운 과거의 고대 예술을 정교하게 상기시키면서 16세기 유럽, 특히 피렌체의 예술가들이 성취할 수 있는 것을 화려하게 전시했다. 이 또한 르네상스가 상징하는 모든 것의 개요였다. 첼리니가 구상과 제작 과정을 상당히 자세하게 기술하고 있기 때문에, 이 대단한 청동상은 (아마도) 르네상스 예술 작품 중에서 가장 기록이 잘된 편에 속한다.

그는 성미가 급하고 무모하며 까다롭고 대담했다. 그는 우리가 좀더 선정적인 르네상스 예술가 및 예술가다운 현란한 악덕을 연상시킬 수 있는 요소들을 모두 지니고 있는 상당히 특이한 인물이었다. 현존하는 법정 기록에 따르면, 그는 일생 동안 문제를 일으키지 않은 해가 없고 재판을 피하기 위해 종종 피신해야 했다고 한다. 그가 적어도 두 번이나 살해 혐의로 유죄를 선고받았다가 예술적인 봉사로 사면된 사건은 너무나 르네상스적이다. 또한 그는 두 번의 남색 행위로 기소되었다. 「페르세우스Perseus」를 완성한 후 두 번째로 기소되자, 그는 베네치아로 피신했다가 그곳에서 건축가 자코포 산소비노J. Sansovino(1486~1570)와 베첼리오 티치아노V. Tiziano(1488~1576)를 만나게 된다.

결국 그는 유죄 선고를 받고 감옥에서 4년형을 선고받았고 오랫동안 가택 연금되었다. 이런 사건들은 모두 그의 자서전에 기록되어 있다. 풍부한 정보를 알려 주는 작업이자 당대의 예술 세계를 볼 수 있는 실제적인 창문 역할을 하는 그의 자서전은 우리에게 「페르세우스」에 대한 모든 것과 그의 여러 작품들에 대해 말해 준다. 또 비천하고 이름 없는 중세의 기능공이 르네상스의 영웅으로 우뚝 서는 긴 여정을 확인시켜 주는 문학적인 예술 작품이기도 하다. 성격이 격정적이고 자만심이 강한 그 자신은 좀더 반영웅적인 인물에 가깝지만 말이다.

우리는 자서전을 통해 그가 예술 수집가라는 것도 알게 되었다. 바사리는 그가 미켈란젤로가 그린 시스티나 예배당 천장의 밑그림을 여러 장 모았다고 말한 바 있다. 또 그는 레오나르도가 조각, 회화, 건축이라는 세 가지 예술과 원근법 연구를 다룬 논문을 필사했다고 한다. 르네상스 기간에 특히 피렌체에서 이런 예술은 모두 밀접한 상관관계가 있었다. 이제 조각에서 건축 예술로 넘어가 보자.

4

르네상스의 건축

중세 후기 피렌체, 아니 이탈리아의 보통 시민에게 건축은 어느 예술(문학은 말할 것도 없다)보다 시각적으로 더 중요했다. 시민들은 궁에 소장된 보물들을 꿰뚫어 볼 수는 없었지만 외관은 볼 수 있었다. 또 교회와 성당은 익숙한 건물이었고, 가장 고귀한 예술품이 보관된 성구실에는 가끔씩 입장이 허용되기도 했다. 건물 중에서도 특히 공공 건축물은 시민의 자부심의 문제였다. 고대 건축물은 석재 때문에 약탈을 당했지만 남은 것도 많아서 이탈리아 시민들은 고대 건축물에 대해 상당히 잘 알고 있는 편이었다.

어떤 의미에서 중세 이탈리아는 여전히 거대한 건축의 폐허로서 로마제국의 거대와 영광을 끊임없이 상기시켰다. 점차 물질적으로 풍요로워지던 주요 도시들이 자기 도시에 영광을 돌릴 차례가 되자, 예술가들은 자연스럽게 과거의 로마를 되돌아보았고, 대중들은 그 결과를 비교할 수 있었다. 그러므로 건축에서 르네상스는 당연한 사건이었고, 이탈리아라는 국가의 기질과도 잘 어울렸다.

여기에서 남부 유럽(특히 이탈리아)과 북유럽 간의 차이가 뚜렷하게 나타난다. 12세기 프랑스에서는 로마네스크에서부터 고딕 양식이 진화되었다. 로마네스크는 후기 로마 제국의 원시적이고 야만적인 건축 양식이었지만 독특한 자기만의 형식으로 발전하였다. 그 결과 매우 독창적인 창조물로서 궁극적인 장엄함과 섬세함을 이룩했고, 공학적인 업적까지 과시하면서 압도적이고 장식적인 효과와 강한 인상을 남기게 된다. 프랑스와 영국, 독일, 스페인의 주요 고딕식 성당들은 당대의 건축물 중 최대, 최고를 자랑하며 예술의 보고가 되었으나 현존하는 것은 많지 않다. 이 건물들은 세계적으로 경이로운 업적이었지만 이탈리아인들과 그 존재를 알고 있는 이들, 또는 직접 본 소수의 사람들에게조차 감동을 주지 못했다.

고딕 양식은 습관이고 충동일뿐 체계는 아니었다. 여기에는 이론이나 문헌도 없고, 단지 원시적 본능이 세련되게 진화했을 따름이다. 종합 계획에 따라 구상되고 건축된 성당은 거의 없다(영국의 솔즈베리 성당이 예외에 해당하지만 여기에서도 첨탑은 무려 200년 후에야 첨가되었다). 쾰른 대성당은 근대에 이르기까지 미완성이었다. 이탈리아에서도 밀라노처럼 북부 평야지대에 살던 이들은 고딕 성당을 지었지만, 열정이나 흥미를 느끼지는 못했다. 고딕 형식이 채택된 것과는 대조적으로 고딕 정신은 절대로 뿌리를 내리지 못했다. 이탈리아인들은 그 안에 비합리적인 특성이 내재한다고 보고 고딕 양식을 정상에서 이탈한 형식으로서만 받아들였다. 그리고 (아마도 무의식적으로) 자기 문화의 뿌리에서 유래하는 더 좋은 양식으로 대체하기를 희망했다.

르네상스의 건축이 시작된 피렌체의 경우 이런 문화의 뿌리는 로마 시대로 거슬러 올라갈 만큼 깊었다. 피렌체 대성당은 원래 4세기에 지어진 건물이며 중세 초기에 두 번이나 재건축되었기 때문에 로마-로마네스크 작품이라 할 수 있다. 이 복합 건물의 일부인 세례당은 6, 7세기경에 로마의 원형 판테온을 모형 삼아 건축되었다가 1059년 재건축된다. 그러므로 세례당 역시 로마식 건축물이라 하겠다.

세 번째 건물인 종탑은 조토 디 본도네가 설계했다. 화가로서 더 유명했던 그는 1334년 대성당 공사 책임자로 임명되었다가 3년 후에 죽었지만 다행히 그의 설계도는 채택되었다. 조각가 안드레아 피사노와 프란체스코 탈렌티F. Talenti가 맡은 실제 건축 결과는 상당히 달랐다. 고딕 양식도 로마식이나 로마네스크도 아닌 매우 독자적인 건축물이었다.

그로부터 한 세대 전인 1294년 피렌체인들이 오래된 성당을 부수고, 더 큰 성당을 새로 짓기로 결정한 지 2년 후에야 비로소 도면이 그려졌다. 파사드(건물의 전면)는 흰색과 초록색, 분홍색의 대리석과 벽돌로 건축되었지만, 종탑 공사는 지연되었다. 1375년에 드디어 구성당이 철거되고 최종 설계도가 결정되었다. 거대한 직사각형의 교회에는 파사드와 성구실 사이에 네 개의 거대한 구획이 마련되고 팔각형의 공간 위에는 대형 드럼drum[1]과 돔 지붕이 올려질 예정이었다. 계획 위원 회원이던 안드

---

1 돔 지붕을 받치는 원통형 구조물.

레아 다 피렌체Andrea da Firenze는 멋진 프레스코화 「개선의 교회The Church Triumphant」라는 상상화를 그리기도 했다. 그러나 선례가 없는 규모와 과거에는 다뤄지지 않았던 공학적인 문제까지 생각해야 하는 이 거대한 건축물을 과연 누가 어떤 식으로 건축할 것인가?

팔각형을 지탱하는 창문 사이의 벽 공사가 1384년부터 1410년까지 진행되었다. 드럼 공사도 시작되었고 1418년에는 돔 지붕 공사에 대한 경연이 열렸다. 필리포 브루넬레스키가 기베르티와 함께 공사를 따냈는데, 당시 기베르티는 이미 세례당 문을 작업하고 있었다. 브루넬레스키는 돔 지붕 건축에 홍예틀 공사가 불필요하다고 단언했다. 홍예틀 공사는 고딕 성당을 지을 때 석조 천장을 지탱하기 위해 사용되던 복잡한 과정으로 석공들은 이를 이용하여 대규모의 내부 공간을 채웠다.

이와 유사한 영국의 엘리 성당의 경우 14세기 초 중앙 탑을 철거하면서 새로 생겨난 커다란 내부 공간은 팔각형의 정탑을 형성하는 거대한 목공 장식으로 채워졌다. 그러나 이탈리아인들은 이 정도의 규모를 제작할 만한 고도의 목공 기술이 없었거나, 어쩌면 엘리 성당에 대해 아는 바가 없었을 수도 있다. 그들은 돔 지붕을 원했고, 브루넬레스키는 로마 시대 이후 최대의 돔 지붕인 판테온에서 영감을 찾았다.

브루넬레스키가 엄밀한 의미에서 건축가가 아니라는 점을 명심하자. 그가 태어나기 10년 전인 1367년에 이미 돔 지붕의 규모와 형식 및 실제적인 만곡도entasis가 결정되었다. 그는 오히려 공학 기사에 가까웠고 계약서에 따르면 전체 계획의 '발명가이자 통치자'였다. 그는 법률가의 아

브루넬레스키의 돔. 산타 마리아 델 피오레 대성당. 브루넬레스키는 로마 시대 이후 최대의 돔 지붕인 판테온에서 영감을 찾았다. 지탱되는 무게를 가볍게 하기 위해 외벽과 내벽이라는 장치를 독자적으로 고안해 냈다. 실제로도 오늘날의 성당이 거의 해낼 수 없는 방식으로 시에 군림하고 있다.

들로 태어나 정규 교육을 받고 학문적인 직업을 찾던 중에 뛰어난 드로잉 솜씨로 인해 대부분의 피렌체 예술가처럼 금세공업에 매력을 느끼게 된다. 그는 세례당 문 공사를 놓고 기베르티와 경쟁을 벌이다가 탈락하자 도나텔로와 함께 로마에서 직접 고대 예술을 공부하기도 했다. 브루넬레스키는 형식은 물론 세부 묘사의 거장이 되었으며, 이런 경험을 바탕으로 건축을 최고의 열정으로 삼았다. 그는 지식인인 동시에 과학자였고 돔 지붕 문제에 직면하여 기계의 압력에 대한 상당한 지식을 발휘했다.

그가 설계하고 1436년 완성한 돔 지붕은 여덟 개의 주요 서까래에 의해 지탱되었고, 그 아래에는 열여섯 개의 버팀 벽이 떠받드는 형국이었다. 이 모두는 수평 홍예문과 금속 압박 사슬로 단단히 고정되었다. 돔 지붕의 각도는 형태가 허락하는 한 가파르게 만들어져서 그 구조가 자립적이었고 중심 공사가 필요 없었다. 브루넬레스키는 지탱되는 무게를 가볍게 하기 위해 외벽과 내벽이라는 장치를 독자적으로 고안해 냈다. 판테온 지붕이 그에게 영감을 주기는 했지만, 로마식의 정면 공격형이라는 일상적이고 야만적인 힘의 방식이 사용되었기 때문에 공학적인 모델은 되지 못했다. 브루넬레스키의 지붕은 좀더 정교하고 근대적이다. 지붕의 안정성은 물론이고 의기양양한 외관에도 그의 효율적인 방식이 잘 나타난다. 피렌체인들은 이 작품이야말로 놀라운 일이라고 입을 모았고, 이 성당은 실제로도 오늘날의 성당이 거의 해낼 수 없는 방식으로 시에 군림하고 있다.

브루넬레스키는 지붕 경험을 통해 새로운 유형의 예술가로 떠올랐다. 그는 중세 건축을 지배했던 기술공이나 석공과 구별되는 거장 건축가가 된 것이다. 건축가는 후원자에게서 일을 위임받아 그 대가를 지불받은 후에 기술공들을 감독하고 고용했지만 점차 위원회가 세운 계획을 단순히 수행하는 범위를 넘어 직접 설계도 작업까지 도맡게 되었다.

브루넬레스키는 로마, 특히 에트루리아의 모델을 면밀하게 연구하고 고대 예술에서 여러 요소들을 사용했다는 점에서 전형적인 르네상스인이다. 그러나 그의 작품을 자세히 들여다보면 로마나 그리스식인 것은 그리 많지 않다. 1419년부터 그는 고아들을 위한 아름다운 피난처 「오스페달레 델리 인노첸티Ospedale degli Innocenti」를 건축했다. 그 정면에는 확실히 고전 건축의 장식적인 특징이 이용되었지만, 반원형의 아치를 지탱하는 유약한 코린트식의 기둥으로 이루어진 넓은 회랑과 공복spandrel[2]에 뚫린 작고 둥근 창과 그 위의 깊은 엔태블러처entablature[3]는 그 섬세하고 우아한 아름다움과 미묘한 균형면에서 과거 로마의 건축물과는 전혀 다른 것이었다. 최초의 진정한 르네상스 건축물이라 불리기도 하는 이 건물은 개작될 수 있는 설계를 도입했고, 그 후로도 몇 세기 동안 실제로 여러 목적에 의해 개작되었다. 이 건물은 무엇보다 고대 로마와는 전혀 무관한 새로운 형식이자 미를 추구하는 새로운 방식이었다.

브루넬레스키는 동일한 특징을 반복해 사용하면서도 독자적인 특징을 첨가하고 원래의 개념을 확장하면서, 피렌체의 산로렌초에 증축된 훌륭한 성구실과 피렌체의 대형 교회인 산타크로체를 위해 설계했던 파치 예배당을 완성했다. 이처럼 조화롭고 균형이 잘 잡힌 창조물과 (파치 예배당의 경우) 재주꾼 델라 로비아의 원형 창문을 비롯해 회색, 흰색, 대리석, 놋쇠, 돌, 철, 나무 등의 천연색을 이용한 색채를 본 이들은 모두 감탄했다. 이 건축물들은 혼란스러운 고딕 양식과는 대조적으로 단순한 당당함을 뿜어냈다. 이를 처음 접한 예술가들은 새로운 건축 양식에 충격을 받았다. 이는 고대의 부활이라기보다는 전혀 상상도 못해 본 아름다움이

---

2 인접한 아치와 천장, 기둥과 이루는 세모꼴의 면.
3 기둥 위에 걸쳐 놓은 수평의 쇠시리와 띠장식.

실현된 것이었고, 예술가들에게 당장 연필을 쥐고 일을 하고 싶은 욕구를 느끼게 했다.

브루넬레스키의 창조 이면의 이론에는 다음과 같은 요소들이 숨어 있다. 우선 무한정 다양하게 창조물이 등장하는 것이 아니라 부분의 단순화를 통한 규칙적인 반복이 규범이 되었다. 가능한 조명 체계를 단일화하였고, 각 요소들이 서로 균형을 이루면서도 두드러진 특징을 나타내기보다는 전체를 통합하는 전반적인 양식이 돌출되었다.

더욱이 그는 고딕식 건축을 거부하고 고대의 것을 이용하면서 새로운 용어들을 만들어 냈다. 만곡 엔태블러처, 기둥 위의 아치, 기둥·벽기둥·소용돌이 장식의 부벽의 교체, 평평한 만곡·평평한 삼각형의 교체, 소용돌이 꼴의 장식과 삼각 궁륭의 액센트 등은 이탈리아와 전 세계의 건축가들이 기꺼이 받아들인 새로운 용어의 일부이다. 이런 것들은 모두 구체적인 실례와 함께 제시되었다.

건축 이론은 피렌체 출신(제노바에서 태어나기는 했지만)의 지식인 레온 바티스타 알베르티L. B. Alberti(1404~1472)에게 넘어갔다. 브루넬레스키보다 27년이 어린 그는 볼로냐에서 대학 교육을 받았고 파도바에서 고전 기초 교육도 받았다. 그는 금세공업을 수련한 예술가-장인보다는 인문주의 작가에 더 근접했고 일생 동안 많은 글을 썼다. 그는 희극과 철학, 종교, 윤리학, 다양한 학문, 말을 돌보고 타는 것 등의 여러 주제에 대해 연구하고 글로 옮겼다.

알베르티는 처음에는 추기경의 비서로, 1430년대에는 교황 유게니우스Eugenius 4세의 비서로 일하면서 커뮤니케이션 기술을 배워 실천해 갔다. 유게니우스를 따라 로마에 간 그는 고고학에 전념하여 로마 고대 예술을 심도 있게 연구했다. 그는 조각과 회화, 무엇보다 건축에 대한 미학 논문의 기념비적인 연작물을 쓰기로 결심하게 되는데, 이는 로마 시대 이후 최초의 의미를 지닌 작업이었다. 「건축 십서De re aedificatoria」— 알베르티의 글은 보통 라틴어이고, 나중에 수요가 있을 때마다 이탈리아어로 번역되었다 — 는 이 주제에 대해 고대부터 내려온 유일한 글이자 비트루비우스Vitruvius의 위대한 업적인 「건축 십서」를 비판적으로 명료하게 평가하고 재구성한 글이다(알베르티의 논문은 비트루비우스의 책이 인쇄되기 1년 전인 1485년 출간되었다).

이 논문은 모든 면에서 비트루비우스보다 진보한 것으로 내용과 구성이 명확하고 잘 갖추어져 있어 이론과 실천면에서 모두 빼어난 수작이다. 그는 우선 정의를 내린 후에 개념으로 옮겨간 뒤 자재와 방법, 도시계획, 여러 유형의 건물의 설계도에 대해 논의한다. 그 다음 건축미의 본질을 고찰하고 종교적인 건물이나 가정 주택, 관공서 등에 어떤 방식으로 적용되는지를 논한다. 그는 여러 주제에 흥미가 많았던 탓에 백과사전적인 면에서 물 공급과 고고학, 복구, 비용 등 다양한 문제를 다루고 있다. 이 책은 신출내기 건축업자나 미래의 건축가 모두에게 필요했지만 알베르티 이전에는 구할 수 없었던 것이다. 그 효과는 오래 지속되어 현재 우리가 건축에 접근하는 방식, 예컨대 기본적이고 기능적인 설계와 장식적인 사치성을 구별하는 방식 등은 아직도 알베르티를 따르고 있다.

알베르티는 일반적인 관행과는 차이가 있지만 직접 건축에 나서기도 했다. 그는 설계도와 도안만을 책임지고 본 공사는 다른 건축가에게 위임했다. 피렌체의 루첼라이 궁이 그의 지도하에 지어졌지만 책임자는 베르나르도 로셀리노(약 1450년)였고, 리미니의 말라테스티아노 교회 또한 알베르티(약 1447년)의 지휘하에 마테오 데 파스티Matteo de' Pasti가 건축한 것이다. 그는 바티칸 주변과 옛 성베드로 성당 주변의 여러 중요한 프로젝트에 직접 관여했지만, 페라라나 만토바처럼 다양한 장소에 지을 설계도와 건축에 대한 지침서는 보통 전령을 통해 보냈다. 심지어는 자신이 궁극적으로 책임을 지는 건물을 한 번도 본 적이 없는 경우도 있었다. 그럼에도 그의 영향력은 광범위하게 확산되었고 어쩌면 브루넬레스키 이상일 수도 있다. 그러나 알베르티는 이 늙은 거장을 과소평가하기는커녕 오히려 그에 대한 찬사가 넘쳐났다.

그는 피렌체의 돔 지붕을 처음으로 본 사건이 일생에서 가장 중요한 미학적 경험이라고 말하면서 이렇게 기록하고 있다. '아무리 냉정하고 시기심이 많은 사람일지라도 그렇게 거대한 건축물을 만들어 낼 수 있는 천재적인 건축가를 인정하지 못할 자가 누가 있겠는가? 하늘로 솟아올라 그 그림자로 토스카나의 모든 사람들을 뒤덮을 정도로 커다랗고, 홍예틀이나 비계도 없이 만들어진 바로 이 건물을?'

알베르티는 이 돔 지붕이야말로 근대 피렌체 예술가가 고대를 단순히 모방하는 것이 아니라 그것을 능가하는 실례가 된다고 말한다. 그는 과거를 기반으로 좀더 훌륭하고 대담한 건축물을 짓기 위해서는 고대에 대한 연구가 선행되어야 한다고 주장한다. 알베르티는 브루넬레스키의 작품이 어느 정도 중세의 야만주의에서 피상적으로 이탈한 것이지만 기본 설계도는 고전적이 아니라고 보았다. 그러나 그의 설계는 처음부터 끝까지 고전적이다. 사람들이 그의 지침서를 따르고 그의 책과 설계도가 이탈리아에 유통되면서, 어떤 건축가라도 단순한 동서 축을 이용하여 교회를 건축하려는 경우는 드물어졌다. 서쪽의 오래된 정면은 고전적인 파사드로서 원형이나 팔각형의 공간으로 연결되는 문 둘레에 만들어졌다. 이러한 대건축물은 모두 중심점을 기준으로 회전했다.

그러나 알베르티가 엄격한 균일성을 설교했던 것은 아니다. 그는 그리스의 십자가형을 기초 뼈대로 사용하고 원형의 홀과 좁은 본당을 결합하기도 하였다. 그의 파사드는 세 개의 주요 기본형으로 나뉜다. 그는 여러 고전적인 질서로 변화를 만들어 내고 창문의 대안 계획을 만들었다. 이런 과정에서 그는 새로운 양식의 건축 특징을 완성하고 있었다. 브루넬레스키가 도입한 이 양식을 알베르티는 완전한 시스템으로 만들었고, 그 제자들은 이를 제2의 본성이 될 때까지 흡수할 수 있었다. 건물, 특히 그 주요 파사드라는 시각적인 외관에 알베르티가 정한 기본 양식은 몇 세기 동안 복제되었으며 아직까지도 건재하다.

이탈리아에서 새로이 출현한 건축 현상을 한두 명의 천재가 다 일구어 냈다고 생각해서는 안 된다. 제대로 일을 할 줄 아는 건축가들이 수백 명 있었으며, 진정한 기념비로 남을 만큼 크게 기여한 일꾼들도 한둘 있었다. 그 중에서도 미켈로초(미켈로치) 디 바르톨로메오Michelozzo di Bartolommeo

(1396~1472)는 특히 뛰어났다. 코시모 데 메디치의 개인 건축가가 된 그는 자기 설계도를 고객이 원하는 대로 기꺼이 재단(실제로 그는 피렌체 재단사의 아들이었다)했기 때문에 특히 부유한 후원자들로부터 사랑을 받았다.

그는 재주가 많고 경험도 풍부했다. 처음에는 조폐국에서 동전을 도안하다가 기베르티의 작업장에서 실전 경험을 쌓은 뒤에 도나텔로와 함께 건축업을 했다. 또 평생 동안 청동상 모형과 청동과 귀금속의 성궤, 그 외 교회 가구, 정교한 묘소를 디자인하고 만들었다. 브루넬레스키가 죽자 성당 공사 책임자 — 실상 피렌체 건축업의 수장 — 가 되었고, 브루넬레스키가 돔 지붕의 꼭대기에 두려고 설계한 장엄한 정탑도 완성했다.

미켈로초는 건축 이론을 몰랐다. 그는 고대 예술을 사랑했고 중세 양식도 거부하지 않았다. 그의 많은 작품은 기존 건물을 확장하거나 재건축하는 것이었기 때문에 그는 과거가 무엇이든 간에 존중해야만 했다. 그는 고딕 요소를 새로운 르네상스 양식과 혼합했다. 그가 보스코 아이 프라티에 세운 수도원은 본질적으로 중세적이다. 몬테풀치아노 시청의 파사드는 피렌체의 베키오 궁을 거의 본뜬 것이다. 그가 르네상스식으로 재건축한 트레비오의 메디치가의 아름다운 별장은 여전히 성 모양으로 구축된 중세 요새로 보인다. 그가 카파지올로에 건축한 또 다른 별장 역시 중세적인 느낌과 불규칙성이 남아 있다. 그러나 건물과 정원이 아름답게 통합된 방식은 요새와 해자를 갖춘 중세 시골 주택에서는 도저히 불가능한 것이지만, 1440년대 이후 이탈리아의 (그리고 곧 유럽의 모든 문명 지대의) 특징이 되었다.

128

또한 미켈로초는 혁신가였다. 그는 피렌체의 산마르코 수도원에 르네상스 시대 최초로 장서관을 지었다. 오로지 책을 보관하고 전시하기 위한 길고 우아한 방이었다. 그는 중세에서 모티프를 찾아 전형적인 14세기의 수도원 기숙사를 염두에 두고 측랑과 벽감을 배치하여 과거 수도승들이 자던 곳에 책을 진열했다. 그는 산타크로체에 메디치가를 위한 예배당도 세웠다. 이 건축물은 단순하고 깔끔하면서도 우아한 르네상스의 특징이 살아 있어 여러 건축가들의 모방 대상이 되었지만, 예배당의 둥근 천장은 중세 양식을 따른 것이었다.

그가 건축한 피렌체의 메디치 궁은 고전적인 아치와 중앙 뜰, 거리로 돌출한 거대한 외부 처마 장식, 매력적인 정원과 로지아loggia**4**를 갖추었고, 아이디어 때문에 약탈되거나 모방된 횟수로 판단해 보면 르네상스 시대에 가장 유명한 건물임이 분명하다. 그는 메디치가의 시골 별장도 건축하여 이를 보완했다. 로마 시대의 별장을 되살리고자 최초로 시도했던 이 공사에서 요새로서의 기능은 전혀 고려되지 않았고, 정원은 벽과 마찬가지로 설계도에 반드시 필요한 구성 요소가 되었다. 이 건축물 역시 여러 차례 복제되었다. 미켈로초는 로마의 미네르바 신전에서 얻은 아이디어를 피렌체의 안눈치아타 단에 이용하여 아홉 개의 예배당이 여기에서 나온 것처럼 보이게 만들었다.

간단히 말해서 그는 유능한 건축가로서 새것과 옛것을 결합하여 고객을 만족시켰다. 그러나 그는 천재가 아니었으며, 온화하고 남을 즐겁게

---

4 한쪽이 트인 주랑柱廊.

해주려는 욕구는 점차 일정이 분주해지면서 짜증과 변덕으로 바뀌어 갔다. 사실 이런 것이 많은 건축가들의 생활양식이기도 하다. 건축가들의 수많은 요구와 변덕이 심한 고객과 늦장만 부리고 때로는 무능하기까지 한 노동자 사이에서 줄타기를 해야 하는 어려운 일을 감당해 내야만 했다. 또 비용은 치솟아 오르고 지불하지 못한 청구서는 늘어만 갔다.

그는 물을 다루는 데 매우 능숙해서 해자와 수력학, 벽 속의 방습층 등을 아주 좋아했다. 1460년 이후 피렌체에서의 핵심적인 작업을 잃게 된 그는 먼 라구사 땅에서 바다에 둘러싸인 시의 성벽을 감독하면서 물을 다루는 일로 만족해야 했다. 비참한 몰락이었지만, 르네상스 건축가 대부분은 자신이 점차 나이가 들어가고 참신한 생각을 가진 젊은이들이 나타나면 자신의 인기가 사라지는 것을 경험하게 된다.

이와는 대조적으로 도나토 브라만테D. Bramante(1444~1514)는 그의 가장 중요하고 혁신적인 작업을 생애 말기에 이루었다. 교황국의 일부인 우르비노 출신이던 그의 업적을 보면 16세기 후반에 이탈리아 건축의 중심지가 피렌체에서 로마로 옮겨간다는 것을 알 수 있다. 그는 글을 깨우치자마자 만테냐에게서 회화와 원근법을 배운 듯하다. 그는 위대한 페데리고 다 몬테펠트로의 뛰어난 예술 궁정과 밀접한 관계가 있었는데, 당시 알베르티가 이 궁을 방문하기도 했다. 그는 공작의 엄청난 궁전을 루치아노 라우라나L. Laurana가 피에로 델라 프란체스카Piero della Francesca와 함께 건축하는 현장도 직접 보았다.

그는 원근법 드로잉에 매료되었다가 건축을 하게 되었는데 이러한 드로잉 중 하나가 판화로 전해진다. 브라만테는 처음에는 밀라노의 스포르차 공작을 위해, 그리고 후에는 롬바르디아 어디에서나 건축 활동을 시작하면서 이미 기념비적으로 거대한 것을 좋아했다. 그의 이런 취향은 상당히 새로웠고, 가느다란 기둥과 우아한 아치를 강조하던 피렌체인들의 격조 높은 창조물보다는 고대 로마의 거대함에 더 가까웠다.

브라만테 최초의 중요한 업적인 밀라노의 산타마리아프레소산토사티로의 기적 교회는 그 자체는 작지만, 거대한 창문 사이의 벽과 벽기둥에 기초하여 새로운 웅대함을 보여 준다. 1492년 그는 밀라노의 산타마리아델레그라치 교회의 새로운 동쪽 끝과 단을 건축했다. 거대한 정방형의 벽과 후진apse[5]을 대단한 규모로 혼합한 이 건축물은 거대한 공간으로 경외감을 불러일으키는 구조물에 대한 그의 생각을 고스란히 담고 있다.

그는 파비아 성당의 재건축을 도우면서 대규모 공사를 다시 한 번 실현했다. 이 건물은 그리스 십자가가 거대한 팔각당의 중앙을 이루는 모양으로 재구성되었는데, 이는 확실히 브라만테의 아이디어였다(다른 이들도 연관되었겠지만). 밀라노 공작이 산탐브로조 수도원의 매력적인 궁정을 설계할 기회를 주자, 그는 로마 양식의 기둥과 벽기둥을 독창적으로 다양하게 이용했다. 밀라노 공작이 위탁한 인근 비제바노 마을의 새로운 광장을 설계하는 일은 더욱 중요했다. 그는 이전 지역을 부수고 활짝 트인 대규모의 르네상스식 공간을 마련하여 성당의 부지로 이용했다. 이 진보적인 단계는 곧 대규모의 정사각형과 타원형의 광장으로 유럽의 여

---

5 교회당 동쪽 끝에 내민 반원형 부분으로 성가대의 뒤.

브라만테, 「템피에토」. 고대 로마의 것을 이해하고 표현하려는 브라만테의 노력의 결과는 르네상스 전체에서 거의 유일하게 완벽한 이 건축물에서 보인다.

러 수도들을 덮게 된다.

이런 정도의 위치에 오른 브라만테에게는 분명 건물 자체를 세우는 것보다 거대한 내부 공간을 통해 보는 사람을 압도한다는 작용이 더 중요했다. 1499년 밀라노에서 스포르차 가문이 몰락하자 브라만테는 로마로 가게 되는데, 우연히도 여기에서 자신의 훌륭한 아이디어를 표현할 기회가 더 많았다. 그는 처음에는 보르자Borgia 가문의 교황인 알렉산데르Alexander 6세 밑에서 일하다가 다음에는 위대한 율리우스 2세를 위해 봉사했다. 율리우스는 권력에 몹시 집착했고, 이런 집착증은 교황국을 군사적·재정적인 강대국으로 부상시키면서 표출됐다.

또 거대한 건축 계획을 통해 제국의 도시로서의 로마의 영광을 되살리고자 표현했다. 율리우스가 교황관을 받기 이전부터 브라만테는 인상적인 궁정과 궁전을 건축하고, 고대 로마는 물론이고 티볼리와 카세르타, 나폴리의 주요 건축물들을 세밀하게 연구하면서 이름을 알렸다. 고대의 것을 이해하고 표현하려는 그의 노력의 결과는 르네상스 전체에서 유일하게 거의 완벽한 이른바 템피에토Tempietto라는 건축물에서 보인다. 기둥과 돔 지붕을 갖춘 이 원형의 석재 예배당은 로마에서 성 베드로가 순교했다고 여겨진 바로 그 장소에 있다. 로마의 원형적인 여러 사원의 특징에 기초하면서도 비트루비우스의 균형의 원칙을 엄격하게 준수하고, 형식상의 규범인 기둥 지름의 배수인 입면도와 단위의 크기를 따르고 있다. 이 건축물은 도리아식의 양식을 따르며, 메토프metope[6]와 트리글리프triglyph[7]로 규칙적인 도리아식의 장식벽을 장식한 최초의 르네상스 건물이다. 또 매우 독창적이어서 외부 기둥은 내부의 드럼을 지탱하는 벽기둥에 울림을 갖는데 이는 로마인이라면 시도하지 못했을 것이다. 외관상 로마 양식이 아니라 분명 르네상스 양식으로 보인다. 또한 규모가 작아도 거대한 규모의 건물 위용을 모두 지니고 있다. 간단히 말해서 이 건축물은 최소의 수단으로 성취된 불후의 명작이라는 건축가의 꿈을 구현한 것이다.

율리우스 2세가 교황 자리에 있을 때 브라만테는 곧 자신의 높은 야망

---

6 도리아식에서 두 개의 트리글리프 사이에 낀 네모진 벽.
7 세로 세 줄기 홈이 진 무늬.

4. 르네상스의 건축 — 133

을 본격적으로 실현할 수 있었다. 그는 코르틸레 델 벨베데레라 알려진 바티칸 궁의 거대한 확장 공사에 착수했다. 거대한 테라스와 숨막힐 정도의 내부와 외부의 전경은 아침에 일어나자마자 침실에서 내다보는 교황의 시선을 만족시켜 줄 요량으로 설계되었다. 이 복합 건물에는 정교하고 거대한 나선형 계단이 있어서 방문객들이 건물의 아래위를 다니면서 다양한 마루를 볼 수 있었다. 바닥 근처의 기둥은 토스카나식에서 도리아식으로, 위로 올라가면 이오니아식과 혼합식Composite[8]으로 변하는데 이런 변화는 궁의 여러 층에서 반복되어 나타난다. 그는 고대의 여러 장식 형식이 각 층을 지배적으로 표현하면서 그 다양성을 강조하는 새로운 방식을 생각해 낸 것이다.

멋진 카프리니 궁(1510)의 파사드에도 이 방식이 응용되었다. 1층은 주로 거대한 돌덩이의 거친 양식으로서 요새를 위한 것처럼, 만곡의 아치식 창문이 뚫려 있고 그 위로는 도리아식의 날렵한 쌍둥이 기둥이 우아한 궁전 창문을 감싸고 있다. 두 건물의 디자인을 하나로 합치는 이 놀라운 기술은 별다른 방법을 사용하지 않고서도 장엄함과 풍부함을 이룩한 또 하나의 실례이다. 후에 이탈리아와 유럽 전역의 공공건물 수천 곳이 바로 이 방식을 모방하게 되었고, 모든 시대에서 가장 흔한 건축의 전형이 되었다. 1517년 라파엘로가 이 훌륭한 창조물을 자기 집으로 구입한 사건은 시대의 기호이자 증폭된 명성의 기호이며, 전성기 르네상스 시대에 이탈리아의 개인 예술가의 유명도와 부를 상징한다.

---

8 이오니아와 코린트식의 절충 양식.

브라만테는 유명한 산타마리아델포풀로와 성첼소 및 줄리아노 교회 등 로마의 여러 교회에서 작업을 했지만 율리우스 2세의 위탁을 받은 베드로 성당 신축에 주로 전념했다. 이제 석판을 깨끗이 지워 (그들 모두가 야만스럽다고 여긴) 오래된 교회를 버리고 고대를 근간으로 하는 새로운 건축 원칙을 구현하자는 데 교황과 브라만테의 생각은 일치했다. 또 이 프로젝트는 가능한 최대 규모로 수행되어 이제 새로이 부상하는 로마가 이교도 황제의 과거보다 우월하다는 점을 보여주어야만 했다. 더욱이 공학상의 경험으로 가능해진 공간-폐쇄 기법을 통해 교황이 집전하는 미사에서 대규모의 군중에게 강한 인상을 주어야 했다.

브라만테는 고대 로마에서 지붕이 달린 가장 큰 건물들과 거대한 공중 목욕탕에서 영감을 찾으려 했다. 특히 카라칼라 황제 시대의 목욕탕에서는 르네상스인들도 상상할 수 없는 공간을 에워싸는 지붕이 창문 사이의 벽과 원형 출입구로 유지되었다. 사실 야심이 가득한 브라만테는 고대에서 영감을 찾을 필요도 없었다. 새로운 베드로 성당에 대한 그의 생각은 대부분 롬바르디아의 공사, 특히 산타마리아델레그라치와 파비아 성당에서 윤곽이 드러나 있었다. 단지 그 규모가 커졌다는 점이 중요한 차이였다. 일반적으로 규모는 건축에서 가장 중요한 요소가 아닐 수도 있지만, 경외를 목적으로 하는 건물에는 가장 중요한 요소가 될 수 있다. 많은 사람들이 그의 원래 계획을 여러 번 변경했지만, 교회의 주요한 특징을 결정하고 내부와 외부의 규모를 설정한 이는 바로 그였다.

로마의 스카이라인에서 화산이 분출하는 듯한 성당을 10마일이나 떨어진 거리에서 보거나 아니면 시 맞은편에서 힐끔 보거나, 혹은 거대한 열주 내부의 공간에서 더 가까이 보거나, 그것도 아니면 그 안에서 눈을 부릅뜨고 보든 간에 성베드로 성당은 교회 건축 사상 최고의 자리에 있다. 그 어디에서도 이런 건축물은 없었으며 그 규모는 독특함에 핵심이 있다.

이제 새로운 성베드로 성당의 건축가가 극도로 복잡하다는 점을 인정해야 할 듯하다. 대단히 규모가 큰 교회는 그 자체만으로도 활기찬 인생처럼 보이며, 건축가들은 연속적으로 이와 연관되어 그 주변을 윙윙대는 파리처럼 보이기도 한다. 예정된 부지에서 새로운 교회를 건축하는 작업은 실제로 1452년에 시작되었다. 베르나르도 로셀리노가 감독을 맡아 다져 놓은 기반은 마치 감춘 글을 통해 양피지가 드러나는 것처럼 후에 그 위에 세워질 구조에 깊은 영향을 주었다.

브라만테가 이 일을 인수하기 전에도 공사는 여러 번 중단되었다가 다시 시작되었다. 그가 주황색으로 엷게 칠하고 갈색 잉크로 아름답게 그려낸 최초의 지면 설계도(1506)에는 중앙의 정사각형의 교회와 네 개의 부수적인 돔 지붕 및 주요 지붕이 있었다. 하지만 이 설계도를 본 그의 조수 줄리아노 다 상갈로Giuliano da Sangallo가 이를 비평하자 브라만테는 직사각형의 형태로 수정했다. 율리우스 2세가 죽고 메디치가 출신의 교황 레오 10세가 즉위하면서 설계도의 변화가 불가피했다. 중앙의 창문 사이의 벽은 그 규모가 축소되기는 했지만, 1514년 브라만테가 죽을 당시 완공되었다.

상갈로와 그의 또 다른 조수 프라 조콘도F. Giocondo 수사가 공사를 인수했지만, 교황은 우르비노 출신의 젊은 라파엘로에게 전반적인 공사 책임을 맡겼다. 라파엘로는 브라만테의 생각을 몇 가지 버리기도 했지만, 원래의 계획으로 되돌아가 자기 견해를 접목한 경우도 있었다. 그 역시 1520년에 죽었고 그가 수정한 부분은 반영되지 않거나 파괴된다. 상갈로가 제시한 대안은 목조 모형으로 남아 있다. 그러나 로마의 약탈과 그 이후의 금전 부족으로 공사는 진척되지 못했다. 상갈로 역시 1546년에 죽었고, 그 후 연로한 미켈란젤로(당시 70살이었다)에게 작업이 맡겨졌다. 그는 라파엘로-상갈로가 완성한 부분을 거의 없애고, 다시 브라만테에게 돌아가는 또 다른 설계도를 제출했다. 그 결과 현재의 내부는 본질적으로 미켈란젤로의 작업이지만 그 생각은 브라만테에게서 나온 것이다.

돔 지붕에 사로잡힌 미켈란젤로는 주로 브루넬레스키의 피렌체 돔 지붕에 의거하는 설계도를 많이 만들었다. 궁극적으로 그는 강력하게 접속된 완곡한 부벽이 드럼 밖의 쌍둥이 기둥으로 내려오는 좀더 복잡하고 기념비적인 설계안을 제시했다. 그러나 그가 1564년 죽었을 당시 돔 지붕 공사는 전혀 진척되지 못했다. 당시 교황 피우스Pius 4세는 새로운 2명의 건축가 피로 리고리오P. Ligorio와 자코모 다 비뇰라Giacomo da Vignola에게 더 이상 논쟁하지 말고 미켈란젤로의 설계도를 실행하라고 명했다. 피로는 이 명령을 무시하고 돔 지붕 안의 다락에서 자기 식으로 일을 시작한 결과 해고되었다.

비뇰라는 브라만테가 60년 전에 포기했던 보조 지붕의 생각을 다시 도입했고, 그의 후계자 자코모 델라 포르타Giacomo della Porta는 현재와 같이 두 개의 측면 돔 지붕을 건축했다. 그는 브라만테의 성가대석을 모두 철거하고 미켈란젤로의 돔 지붕에 둥근 천장을 달고 돌출부를 증축했다. 그 결과 외부 표면은 미켈란젤로의 넓은 모양보다 더 경사가 가파르고 거의 30피트나 높았다. 1593년 돔 지붕이 완성되었으나, 델라 포르타는 공학 기사 도메니코 폰타나D. Fontana를 고용하여 압력을 줄여야 했다. 이런 공사는 그의 선조들이라면 하지 못했을 것이며, 이것은 건축업이 전문화된 증거를 확실하게 보여주는 사례다. 그렇지만 건축에서 중요한 것은 실제로 무엇이 건축되고 보존되느냐 하는 것이다. 델라 포르타의 돔 지붕은 그 윤곽이 미켈란젤로와는 분명히 다르지만, 어쨌든 완공되었고 몇 년 후에는 당연하고 불가피한 것으로 여겨졌다. 그의 지붕은 가장 큰 돔 지붕 형태로 로마와 전 유럽에서 모방되었다. 델라 포르타는 위대한 건축가는 아니지만 확실히 영향력 있는 건축가가 되었다.

이제 파사드가 남았다. 이것 역시 미켈란젤로가 설계했는데, 그 규모와 폭에서 심지어 브라만테도 너무 장대하다고 생각할 정도였다. 거대한 벽기둥과 기둥의 끝없는 기둥 사이의 구획은 교회의 정면이라기보다는 황제의 궁처럼 보였다. 5명의 건축가가 차례로 이 설계도의 기본 정신을 실천에 옮겼고 위대한 잔 로렌초 베르니니는 이로써 그 정점에 올랐다. 그는 이 일을 완성한 후 교회 앞의 광장을 설계하여 측면의 열주와 함께 1667년 완성했다. 이 거대한 교회를 건축하는 데 총 200년이 걸렸고, 12명 이상의 건축가가 32명의 교황 아래에서 작업했다. 교황 중 몇 명은 직접 관여하여 자기 생각을 강요하거나 거부했고, 15세기 중반의 르네상스와 전성기 르네상스 및 바로크 시대를 거쳤다(로코코 시대의 소산인 성구실과 시계는 생략하겠다).

이 훌륭한 건축물을 자세히 들여다보면 그 오랜 진화 과정과 다양한 선조들의 흔적이 모두 담겨져 있음을 알 수 있다. 이 건축물은 우리에게 친근한 돔 지붕과 함께 끝없는 언쟁이나 계획의 변경 또는 철거가 전혀 없었던 것처럼 보인다. 여기에는 건축사를 기술하는 문제와 화가나 조각가처럼 자기 작품을 통제할 수 없는 건축가의 문제를 보여 준다. 과연 누가 성베드로 성당을 만들었단 말인가? 하느님과 시간이 베드로 성당을 만들었지만, 어느 한 사람이 했다면 그는 바로 브라만테일 것이다.

미켈란젤로가 제안한 성베드로 성당의 파사드는 그 안에 숨겨진 내부를 반영하기보다는 장식성이 강하고, 더 광범위했으며, 비트루비우스와 알베르티 등이 세운 건축의 모든 규칙을 깨뜨린다. 미켈란젤로는 열심히 배우려는 초심자의 자세로 이 일에 뛰어든 것이 아니라 세계적으로 이름 높은 조각가로서 좀더 가르치고 싶었던 것이다. 그의 웅장한 조각 계획에는 적절한 건축 배경이 요구되었다. 그는 이런 배경에 들어갈 적당한 교회 등의 건축물을 추구하다가 자연스럽게 조각에서 건축으로 넘어가게 되었다.

그가 책임을 맡은 최초의 작업은 로마의 산탄젤로의 거대한 교황 요새(1515~1516)였다. 이 작업에서 그는 일꾼들에게 지시하기보다는 조각하고 싶은 욕망을 조각적인 장치로 강렬하게 표출해 냈다. 메디치가 출신의 교황 레오 역시 미켈란젤로가 피렌체의 산로렌초 가족 교회를 대리석으로 조각된 파사드로 완성시키기를 기대했다(이 프로젝트를 위한 드로잉과 목조 모형은 현존한다). 그러나 이 제안에 대해 서로의 의견이 일치하지 못했고 어떤 결과도 산출하지 못했다.

미켈란젤로는 메디치 출신의 또 다른 교황 클레멘스 7세를 위해 산로렌초의 성구실과 장서관을 건축했다. 두 건축물 모두 그가 고대에서 찾아낸 생각에 기초하며, 비트루비우스와 그 외 어떤 규칙도 해당되는 것이 없어 그의 풍부한 상상력을 엿볼 수 있다. 그는 작업을 진행하는 데 있어 즉흥적으로 건축 방식을 고안해 내면서 자신의 건축 특징을 만들어 갔기 때문에, 그의 작업은 기존의 어느 누구와도 같지 않았고 심지어는 그 자신의 작품과도 같은 것이 없었다. 그의 동시대인들이나 후손들에게는 이런 상황이 혼란스러웠고 바사리는 그를 규칙 위반자로 비판했다.

성구실은 실제적으로 메디치 귀족들을 위한 묘소였다. 묘소 설계사에서 건축가로 변신한 미켈란젤로는 매우 기발한 세부 사항을 건축했다. 그러나 이런 세부적인 것 때문에 전체가 압도되고 통일성이 결여되었다. 이 작업은 나중에 완공되는 메디치-로렌초 장서관과 그 현관의 준비 단계로 간주되어야 한다(1524년 시작, 1562년 완성). 미켈란젤로는 이 장서관과 압도적인 접근 계단을 위해 외부의 건축을 내부로 돌렸다.

다시 말해서 그는 보통 건물 외부에 사용되는 장식적인 특징을 내부의 장식으로 사용했다. 직사각형이나 정사각형의 창문은 막다른 벽감으로 변한다. 출입구는 문이 되거나 단순히 빈 벽의 구두점이 된다. 기둥이나 벽기둥은 지붕을 지탱하는 대신 창문이 아닌 것들의 틀을 이룬다. 천장은 어떻게 그곳에 설치되었는지, 또는 어떤 건축의 기계학을 숨기고 있는지를 제시하는 대신 벽의 장식적인 비기능성을 반영한다.

우리는 온갖 기발한 발명에 사로잡혀 그것들을 보는 것만으로도 즐거워진다. 모든 양식은 의식적으로 고전을 추구하거나 미켈란젤로가 재창조한 고전주의를 보여 준다. 그렇지만 그가 무의식적으로는 기능적인 형식을 매우 화려한 장식으로 변화시킨 후기 고딕 석공-건축가와 동일한 화려한 길을 따랐다는 것을 느낄 수 있다. 실용성에서 상상력으로의 과정을 보여주는 메디치-로렌초 장서관의 건축물은 현관 계단에서 더욱 분명히 드러난다. 방문객은 이 계단을 통해 교회 회랑에서 장서관으로 올라갈 수 있다. 격조 높은 창문은 어떤 빛도 투과되지 않으며 장식의 기능을 제외하면 아무런 기능이 없다. 아름다운 대리석 기둥은 아무것도 지탱하지 않으며, 세 갈래의 계단은 보는 이의 눈을 즐겁게 해주는 것 이외에는 전혀 복잡성의 의미가 없다. 이에 미켈란젤로는 주인들이 중앙 계단을 오르락내리락할 때, 하인들은 양쪽 계단에 줄을 서 있으면 된다고 주장하기도 했지만 이것은 이유가 아니라 변명이다.

이 건축물의 전체 형식은 물론 색채가 매력적이고 세부는 이 거장의 경우에 늘 그러하듯이 아름답고 창조적이다. 이 유능한 끌의 장인은 대리석을 적절하게 잘 사용했다. 그리고 개념을 전체적으로 받아들인 후에 대단히 창조적인 각 부분을 허용하는 그 안에는 단순성이 내재되어 있다. 이보다 더 분명하게 위대한 건축과 일상적인 것을 구별하는 것은 없다.

모든 면에서 독특한 미켈란젤로의 방식은 매너리즘적이며, 전성기 르네상스에서 매너리즘mannerism을 거쳐 바로크와 로코코로 이어지는 긴 여정을 인류에 남겼다. 이 계단은 조반니 바티스타 티에폴로G. B. Tiepolo가 세계 역사에서 가장 예술적인 인공물로 변화시킨 뷔르츠부르크 주교 궁의 거대한 2층으로 오르는 계단의 먼 선조가 된다. 피렌체의 이 멋진 작업을 마친 미켈란젤로는 로마로 돌아와 카피톨리노 언덕의 캄피돌리오 광장이라는 거대한 외부 건축 계획을 설계하고 (대부분) 완성했다. 이 공사는 파울루스Paulus 3세가 마르쿠스 아우렐리우스의 유명한 고대 기마상을 라테란 궁에서 옮길 때 시작되었는데, 도나텔로와 베로키오는 이 기마상에 영감을 받아 이런 분야에 관심을 갖게 되었다고 한다.

교황은 미켈란젤로에게 새로운 좌대를 설계하라고 요청했다. 이 위대한 조각가는 이 거대한 작품을 위해 우아하면서도 위압적인 좌대를 만든 후 거대한 건축 배경을 만들기 시작했다. 그 배경으로는 장식적인 포장 도로와 대규모의 층계, 그 꼭대기의 세나토리오 궁의 새로운 파사드와 양 측면의 건물이 있었다. 전체적인 화려한 구성은 이 거장이 일을 진행하는 과정에서 유기적으로 진화하거나 처음부터 계획적이었거나, 아니면 둘 다 섞여 있을 수도 있다. 결과적으로 자연스럽고 단순하면서도 매우 인상적인 장엄함을 통해 그 우연적인 기원이 드러난다. 감각이 있는 사람이라면 어느 누구나 그 주변을 걸어다니면서 전체를 감상한 후 세부적인 형태를 감상할 것이다.

미켈란젤로는 말년에 위압적이고 종종 좌절을 안겨 주는 성베드로 성당의 공사에 전념했지만, 로마의 파르네세 궁과 산타마리아델리 안젤리, 산조반니데이피오렌티니 등의 프로젝트에도 참여했다. 또 로마의 기념비적인 시문市門 포르타 피아를 설계하여 피우스 4세가 퀴리날레에서 확장한 로마의 장엄한 저택과 정원의 새로운 길의 끝을 마무리지었다. 이런 작업들과 설계 도면만 남아 있는 그 외 작품을 통해 미켈란젤로의 건축 용어가 완성되었다. 여기에는 사자의 두상과 달걀과 창 모양이 뒤섞인 원형 장식, 아칸서스 잎 장식, 중세에서 빌려 온 문장과 총안, 웃고 있는 가면과 트리글리프, 고대 예술의 모든 것들과 그가 새로이 만들어 낸 부서진 박공벽과 닫힌 박공벽을 지탱하는 스핑크스, 꽃줄 장식, 면이 물러나거나 겹쳐지는 것, 도리아와 코린트 그리고 이오니아식의 특징이 장식적으로 과시된 흔적, 그의 특징이라 할 수 있는 도치(파사드가 측면으로 도입되거나 측면이 파사드로 쓰이는 것) 등이 있다. 이와 같은 그의 건축 장식의 다산성은 경외감을 불러일으키며 보는 이를 위압하는 한편 감상적인 감정을 자아내게 한다.

당시로서는 상당한 나이이던 80대일 때 이 늙은 예술가가 이런 상상력을 가히 폭발적으로 표현했다는 점을 감안한다면 더욱 그러하다. 이런 특징은 소용돌이치듯 역사로 스며들어 수백 년 동안 범상한 전문가들의 장사 밑천이 되었고, 17세기와 18세기에 이를 기반으로 경이로운 작품을 만들어 낸 천재들은 거의 없었다. 미켈란젤로 자신은 자기의 건축 경력이 조각 경력만큼이나 실패작이라고 보았을지도 모르지만, 그 결과는 서로 겹쳐지기도 하면서 여러 시대에 걸쳐 공명하고 있다.

이 훌륭한 장식적인 장치는 베네치아에서 대부분 자연스럽게 자리를 잡게 된다. 베네치아에서 미켈란젤로가 작업한 적은 없었지만, 여기에서 그의 화려함은 하나의 규범이 되었다. 베네치아는 역사적으로나 본능적으로 뿌리 깊은 고딕 도시였기 때문에 르네상스를 늦게 받아들인 편이었다. 그리고 러스킨John Ruskin[9]도 베네치아가 르네상스를 빨리 받아들였다면 독점적으로 발전했으리라고 보았다.

사실 베네치아는 이탈리아에서 유일하게 진정한 고딕 도시이다. 1453년 콘스탄티노플이 몰락하면서 베네치아는 역설적으로 (적어도 처음에는) 더욱 번영했다. 즉 내부적으로는 팽창하면서 시각적으로는 부를 과시하는 데 돈을 아끼지 않으면서 르네상스와 좀더 관련을 맺게 된다. 르네상스 건축은 1470년대에 주로 피에트로 롬바르도P. Lombardo와 마우로 코두시 M. Codussi를 통해 외부에서 베네치아로 유입되었다. 이들은 성마르코 성당의 스쿠올라 그란데와 산타마리아데이미라콜리(롬바르도), 이졸라에 있는 산미켈레(코두시), 산타마리아포르모사(코두시)와 그 외 여러 궁, 코르네르-스피넬리 궁과 로레단 궁 등을 지었다.

1527년에는 재기가 뛰어난 피렌체 예술가 자코포 산소비노가 베네치아에 정착했다. 원래 조각가였던 그는 르네상스 건축가를 5명이나 후원한 상갈로 가문과 계약을 맺었다. 산소비노는 산마르코 지역을 모두 재건축하고, 조폐소 제카와 종탑 기저부의 로제타를 건축했다. 광장을 완

---

9 「베니스의 돌The Stones of Venice」 등의 저서를 남긴 19세기 영국의 예술 비평가.

성하고 피아체타를 철거했으며, 총독 궁 맞은편에 아름다운 산마르코 도서관을 완성했다. 또 그는 르네상스의 가장 장엄한 궁인 돌핀 궁(1538)을 건축했다.

여기에는 바로 전년도에 세바스티아노 세를리오S. Serlio가 출판한 베네치아의 건축사적인 공헌에 대한 논문의 영향이 그대로 드러난다. 당시 시에는 건축가들이 왕성한 활동을 했는데, 산로코의 스쿠올라 그란데와 폰다코 데이 테데스키, 파브리케 베키에와 디에치 사비 궁을 세운 안토니오 스카르파니노와 멋진 그리마니 궁과 산 폴로의 코르네르 궁을 건축한 미켈레 산미켈리M. Sanmicheli 등이 대표적이었다. 새로운 리알토 다리를 설계하는 경쟁에서 안토니오 다 폰테Antonio da Ponte(1588)가 산소비노는 물론 안드레아 팔라디오A. Palladio(1508~1580)가 이전에 제안한 설계까지 모두 물리치고 계약을 따냈다.

팔라디오는 베네치아뿐만 아니라 이탈리아 역사에서 가장 위대한 건축가 중 한 사람이다. 그는 원래 파도바 출신으로 석공 수련을 받았다. 16살에 그는 자기 계약을 깨고 비첸차로 가서 장식 조각 작업을 하면서 지방 부자들과 계약을 맺었다. 그의 최초 전기 작가인 파올로 구알도P. Gualdo에 의하면, 그는 '대단히 사회적인 사람'이라고 한다. 그가 시인 잔 조르조 트리시노G. G. Trissino를 위해 별장을 건축하자 이 시인은 자기가 쓴 서사시에 등장하는 천사 같은 전령의 이름인 '팔라디오'를 지어 주었다.

또 그는 파도바 이론가인 알비체 코르나로A. Cornaro를 만나는데, 인근에서 가장 최초의 르네상스 건물로 꼽히는(1524~1530) 그의 궁에는 조반니

마리아 팔코네토G. M. Falconetto가 설계한 오데온과 로지아가 있었다. 트리시노는 그를 로마로 데리고 가서(1541) 고대 예술을 공부하고 진척중인 건축 상황을 둘러보게 했다. 그 후에도 그는 네 번이나 더 로마로 원정 여행을 떠났다. 팔라디오는 정식 교육은 받지 않았지만 건축가치고는 학자 스타일이었다. 그는 구할 수 있는 논문에 대해 모두 알았고, 비트루비우스의 논문을 번역하는 작업을 도와주고 아름다운 예화들을 제공했다.

그의 작업에서는 드로잉이 가장 중심적이다. 팔라디오는 극적인 배경을 믿었다. 그는 우선 마음속으로 배경을 정하고 건물을 배치한 후 건물을 설계했기 때문에 언제나 지리적이고 공간적인 맥락을 확보할 수 있었다. 그는 배경 안에 자신의 건물을 드로잉 하고 또 채색까지 한 건축가였다. 모든 건물들이 거대하고 역사적인 도시 조경의 일부가 되는 로마에서 그가 어떤 일을 성취했을지를 상상해 보면 마음이 복잡해진다.

그러나 베네치아는 그의 상상력에 딱 어울리는 흥미진진한 배경을 제공했다. 산마르코 성당 유역 맞은편의 산조르조마조레 섬에 있는 그의 건축은 베네치아의 시각적인 스카이라인을 완전히 바꾸었고 모두가 사랑하는 마술적인 매력을 선사했다. 그는 섬의 산조르조 수도원의 식당을 단순하면서도 엄격하게 기념비적으로 건축했다(1560). 이에 신이 난 수도승들은 그에게 교회의 재건축을 부탁했는데 그 결과는 대단했다. 피아체타에서 바다 건너 보이는 이 교회는 계절과 날씨에 따라 그 모습이 극적이면서도 우아하여 거의 신묘하게 보일 정도다. 물론 그는 어떻게 보일지에 대해 이미 의도한 바가 있었다.

하지만 가까이에서 보면 교회의 감동은 줄어들고 내부는 실망스럽다. 팔라디오는 교회가 경배의 장소가 되어야 한다고 생각하지 않았다. 교회는 브루넬레스키나 알베르티 등의 최근 작품이나 어떤 고전적인 모델에 기초해서는 안 되고, 훌륭한 무대 장치의 일부인 독자적인 작품이어야만 했다. 그의 이런 견해는 비판을 받았지만, 이 교회를 본 사람치고 (러스킨을 제외하고) 교회의 모습이 바뀌기를 바라는 이는 아무도 없을 것이다.

그가 베네치아에 건축한 또 다른 교회 레덴토레는 좀더 실용성을 고려하여 설계되었다. 그렇지만 부자들이 종종 대단한 행진을 통해 엄숙하게 맹세하고, 은총에 감사를 드리는 봉헌 교회의 특성상 연극적인 효과가 불가피했다. 출입구가 되는 수면 쪽의 파사드에는 고전 예술의 배치와 균형이 거장다운 솜씨를 드러내며, 거대한 조각상들이 그 위에 장식되어 있다. 베네치아의 또 다른 구경거리가 된 이 교회를 곤돌라를 타고 가까이에서 보면, 돔 지붕과 그 뒤에 웅크리듯 버티고 있는 첨탑들은 정면과 계속 관계를 바꾸는 것처럼 보인다. 하지만 교회 내부는 기능성이 뛰어나 많은 사람들이 자주 이용하였다.

사실 팔라디오는 극적인 효과를 매우 좋아해 필요하다면 기능성을 희생해서라도 그 효과를 창출하려 했지만, 근본적으로는 (이상하게 들릴 수도 있지만) 실용적인 건축가였고 늘 용도를 생각하며 건물을 설계했다. 그는 주로 별장이나 시골 저택을 설계했지만 그가 설정한 원칙을 끝까지 고수했다.

1570년 그는 「건축 4서Quattro libri dell'architettura」를 출간했다. 이 네 권의 책

은 순서대로 건축의 일반적인 원칙과 기술, 개인용 주거 건물, 공공 세속 건물, 고대 사원에 대해 기술하고 있다. 두 번째 책에서 그는 별장이야말로 건축 부지의 중앙에 있어야 한다고 주장한다. 그러므로 별장은 반드시 주인이 토지 상태를 잘 감독할 수 있도록 땅이 잘 보이는 자리에 건축되어야 한다. 또 농업적인 측면도 고려되어야 하는데, 아무리 고귀하고 위압적이더라도 구조상 농장은 반드시 농장에 맞는 요구가 충족되어야 하기 때문이다.

팔라디오는(당시 지식의 범위에서) 고대의 이론과 실천에 대해 모든 것을 알고 이해한다는 점에서 고전 건축가였다. 그러나 자신은 고대의 것이 아름다우면서도 기능적이기 때문에 고대를 따른다고 주장했다. 그는 유용성이 확대될 수 있으면, 그리고 우아함을 더해 줄 수 있다고 보장된다면 주저하지 않고 설계도를 근본적으로 수정하기도 했다. 그의 의식은 확고했고 실행면에서는 유연성을 발휘했기 때문에 당대에 그러한 성공을 거둘 수 있었다. 그가 지은 집들은 보는 것으로도 만족스럽고 또 기능도 뛰어나서 몇 세대에 걸쳐 유럽 전역에서 모방하게 된다.

팔라디오는 똑같은 작업을 절대로 되풀이하지 않았으며, 각 설계는 자체적으로 하나의 작은 세계를 이루었다. 고디-말린베르니 별장과 키에리카티 궁, 라조네 궁 그리고 트레비소 인근의 코르나로 별장, 비첸차의 로톤다 별장은 모두 다르다. 베로나 인근의 세레고 별장의 시골풍의 거친 외관을 본 이들은 팔라디오가 이 별장을 지었다는 이야기에 그의 특징과는 너무 다른 것 같아 놀란다. 그러나 이 모든 작업들을 자세히 들여다보면 팔라디오의 원칙이 그대로 구현되고 있음을 알 수 있다. 다시 말해서 그의 건축 설계는 기후와 배경을 배려하고, 먼 곳에서 보아도 강한 인상을 남기고, 실내에서는 안락함을 느끼게 하며, 유용성은 물론 질서와 경제성을 발휘하고, 태양과 그늘, 다양한 자재, 각도, 여러 파사드를 비롯하여 인근 정원과 농원을 가장 현명하게 이용하는 것이다.

가장 유명한 별장 로톤다에는 돔 지붕이 있는 정방형 건물의 양쪽에 위압적인 이오니아식 파사드가 배치되어, 그 안에 거주하는 것보다는 건축물을 통한 감명을 주는 것이 주된 목적으로 보이지만 실제적으로는 상당히 기능적인 건물이다. 아름다움과 기능주의, 장대함과 유용성의 조화 때문에 팔라디오는 부유한 이들과 그 아내들에게 인기가 좋았던 것이다. 그들은 과시하는 것도 좋아했지만 농장 경영과 경작에 실용적으로 접근해야 했고, 또 거장이 제공하는 것을 누릴 만한 여유도 있어야 했다.

그의 사업은 번창했고 이런 건물들과 그의 글들이 유럽 전역에 확산되어 다른 기후와 지방에 맞게 모방되고 개작되었다. 이렇게 태동한 팔라디오 양식은 널리 퍼져 대서양을 가로지르고 인도를 지나 그 이상의 동진을 거듭했다. 그는 르네상스 건축가 중 유일하게 자기 이름을 내건 양식을 갖게 되었으며 이는 아직까지도 지속되고 있다. 그는 최후의 진정한 르네상스 건축가였다.

고대, 특히 로마의 고대 예술에 대해 잘 알고 좋아한 팔라디오는 고대 예술에서 영감을 받아 그와 같은 최고의 특징을 15, 16세기 이탈리아의 햇볕이 좋은 도시와 시골에 맞게 재창조하기를 원했다. 1580년 그가 죽을 무렵 적어도 이탈리아에서 르네상스의 작업은 완성되었고, 사람들은 여러 곳에 알려진 팔라디오의 건축물을 직접 보고 사랑하고 배우고 각성했다. 이제 또 다른 새로운 기운이 감돌기 시작했다.

5

르네상스 회화의
사도적인 계승

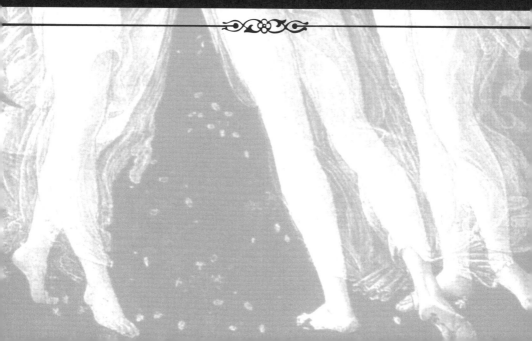

르네상스 시대의 회화 역사는 대단히 복잡하다. 수백 명의 유능하거나 저명한 화가들이 연관되었고, 300년이나 되는 기간에 광범위한 지역에 걸쳐 이루어졌다. 이를 이해하기 위해서는 처음부터 몇몇 두드러진 요점을 짚고 넘어가야겠다. 무엇보다 시각화, 즉 화가들이 자기 눈과 머리로 시각 세계를 분석하고 그들이 본 것을 이차원적인 표면에 옮겨가는 방식이 중요하다. 예술이 가장 강력하게 발전하던 초기 문명 시대, 특히 고대 이집트에서 시각화는 주로 양상적aspective이었다.

다시 말해서 예술가는 그림이나 얕은 돋을새김 부조 조각 작업을 하면서 자신이 본 것보다는 거기 있다는 사실에 대해 아는 것을 이차원적인 표면에 옮겼다. 단순히 시각적으로 보여지는 것뿐만 아니라 화가의 의도를 나타낼 수 있다고 여겨지는 모든 세부 사항들이 체계적으로 화폭에 옮겨졌다. 이는 표현되는 모든 것이 거기 있고 결과적으로 전달되는 정보가 정확하다는 점에서 실제적이고 진실하다. 그러나 화가의 눈은 그것, 아니 그 모든 것을 보지는 못하기 때문에 어떤 의미에서 거짓되거나 엉성하거나 원시적으로 보이기도 한다.

예술가는 환각을 창조해 내고 실제와 똑같아 보이는 것을 이차원적으로 만들어 내려고 애쓰기 때문에 양상을 나타내는 예술에는 절대로 만족할 수 없다. (고대 이집트처럼) 예술가가 종교적 교리에 따라 정해진 규범적인 관습에 제한을 받는 경우 정도는 그 예외가 될 수 있다. 이런 제한을 받지 않거나 자유로웠던 고대 그리스인들은 기원전 7세기부터 인간 형상의 축소화법과 투시화법을 이용하여 실제를 이차원적 환각으로 만들어 내는 다양한 장치를 개발했다.

이렇듯 사물의 모양을 표현하는 예술이 원근법적 예술로 전환된 사건은 인간 문명에서 가장 위대한 족적의 하나이다. 그렇지만 그리스의 벽화 중에서 현존하는 것이 전혀 없고, 타원체 모양의 굴곡이 있는 항아리 표면에 그려진 작품만 남아 있기 때문에 이를 따르는 일이 언제나 쉽지는 않았다. 그리스인들은 인간의 몸을 있는 그대로, 또 주위 환경이라는 맥락 속에서 실제 행동을 하는 모습으로 표현하라고 배웠다.

20세기에 우리가 천문학의 공간을 정복하기 시작했듯이, 그들은 축소화법을 비롯한 환각적인 기법과 투시화법을 통해 그림의 공간을 정복하고자 했다. 그리스의 지식과 기술을 전수받은 로마인들의 평면 회화가 몇 점 전해지는데, 그 중에서도 폼페이가 뛰어나다. 코린트의 오에쿠스 벽과 푸블리우스 파니우스 시니스토르의 별장의 벽, 그리고 마르쿠스 루

크레티우스 프론토의 집의 장식벽에는 선 투시화법과 대기 투시화법, 축소화법 등이 효과적으로 사용되었다.

고대 후기 또는 소위 암흑 시대 초기에 이 세련된 환각 형식과 기법은 모두 소실되었다. 이런 현상은 타락한 로마 제국과 절단된 형태로 살아남은 비잔티움의 그리스 세계나 제국이 완전히 사라진 라틴 서부 모두에 적용되었다. 예술가들은 삽화가 있는 필사본이나 벽화 등의 이차원적인 표면이나 얕은 돋을새김과 조각 모두에서 양상 예술이라는 원시적인 시각 기술로 회귀했다. 그러나 비잔틴 세계와 이탈리아에서 환각주의는 상당히 잔존했기 때문에 예술가들은 여기에 주목하다가 때가 되자 모방할 수 있었다.

12세기와 13세기부터 비잔틴 제국에서 일어난 고대 예술의 부흥 운동은 현재의 불가리아 지방인 보아냐의 성니콜라우스 성당의 벽화(1259년경)에 잘 표현되어 있다. 그로부터 얼마 후 중앙 이탈리아에서는 연관은 없지만 이와 유사한 일이 진행되었다. 치마부에Cimabue(1240~1302)와 두초 디 부오닌세냐Duccio di Buoninsegna(1255년경~1320) 그리고 조토는 시에나와 피렌체 등지에서 축소화법과 투시화법을 다양하게 사용하기 시작했다. 아시시의 산프란체스코 상부교회에는 치마부에의 프레스코 기법의 벽화가, 파도바의 아레나 예배당과 바르디와 페루치 예배당 그리고 피렌체의 산타크로체 교회에 있는 조토의 프레스코 벽화 작품 등이 핵심적인 발전의 소산이다.

마사초Masaccio(1401~1428) 등의 화가와 기베르티 그리고 도나텔로 등의

마사초, 「온정을 베푸는 성 베드로」.
조토가 르네상스의 선구자였다면 마
사초는 르네상스의 수혜자이다.

조각가는 이런 경향을 더욱 강조했다. 많은 예술가들이 그 이후에도 계
속 해왔던 것처럼 조토 등은 초기에 선 투시화법을 시각적인 도움 없이
본능적으로 이용하는 경향을 보였다. 비트루비우스의 글에는 로마인들
과 (아마도) 그 이전의 그리스인들이 '과학적' 기법을 이용했다는 내용이
암시되어 있다. 15세기 초 브루넬레스키는 피렌체 세례당과 베키오 궁의
'전시 패널화'를 만들어서 투시화법이 건물을 묘사하는 데 과학적으로
얼마나 정확하게 결정될 수 있는지를 보여주었다. 그 후 이 패널화들은
사라졌고 그의 전기에만 언급되었을 따름이다.

그러나 1435년부터 1436년까지 알베르티는 그의 논문 「회화론Della pittura」에서 브루넬레스키의 패널화와 도나텔로와 마사초의 작품에 기초하여 투시화법에 대해 상세하게 설명하고 있다. 1430년대부터는 일류 이탈리아 화가들 모두 투시화법에 익숙해지기 시작했다. 그들은 그림에서 자연스럽게 (보여지는 대로) 공간을 구성하면서 결과적으로 좀더 다양한 주제를 택할 수 있었다. 무엇보다 과거와는 다른 모험심과 창의력을 발휘하여 주제에 접근할 수 있었다는 점이 중요하다.

투시화법 기술은 구도 기술의 기본이다. 르네상스 회화에서 그 중요성은 매우 컸고, 화가들은 이를 통해 이전에는 누리지 못했던 자유를 누리게 되었다. 하지만 화가가 구할 수 있는 재료와 그 사용 방법에 대한 객관적인 문제는 여전히 남아 있었다. 중세 후기와 르네상스 초기에 화가들은 주로 교회와 궁의 벽 공간을 채우는 일에 고용되어 로마 시대와 그 이전부터 사용되었던 방식을 답습했다.

기술적인 세부 사항을 검토해 보기로 하자. 로마인들은 벽 표면을 매끄럽게 하고, 그 후 석회와 모래 석고(후기 이탈리아 화가들이 '아리치오arriccio'라고 부른 것)를 우선 발랐다. 만약 원하면 작업의 개요(시노피아)를 스케치한 후, 석회와 대리석 분말을 여러 층 발라 최후의 부드러운 표면인 마감 바탕재, 즉 인토나코intonaco를 만들었다. 그리고 나서 계란 노른자와 초기의 색들을 합한 템페라 물감으로 아직 젖은 상태의 회반죽을 그 위에 바른다(프레스코). 그 다음 물감은 석고가 마르면서 칼슘 수산화물의 탄화 작용으로 벽에 고착되는 것이다.

이런 과정을 거치는 것이 가장 만족스럽고 영속적인 기법이었지만 화가들의 많은 노력이 요구되었다. 석고가 아직 젖은 상태에서 빠르게 작업이 이루어져야 하기 때문에, 화가들은 대규모의 벽화에서 비계의 높이에 따라 해당하는 벽화를 긴 조각으로 나눈 후 팀을 조직하여 작업했다. 만약 물감을 마른 석고(세코)에 바르면 영구성이 떨어지는 것은 물론 표면에 금이 가고 벗겨지기 쉬웠다. 로마인들은 프레스코의 표면에 윤을 내서 겉 장식의 효과를 냈고 밀랍을 보존제로 사용했다. 이런 과정에 대해서는 플리니우스의 「박물지Natural History」 등의 책에 자세히 나와 있다.

로마인들의 벽화 제작 방식이 서구에서 완전히 사라지지는 않았지만 그 복잡성과 세련도는 점차 사라졌다. 그 후 원시적인 기본 방식에서 기법은 혁신되기보다는 점차 증진되었다. 조토 시대의 절차는 다음과 같았다. 우선 표면을 매끄럽게 만든 후에 석회와 물이 1 : 2의 비율로 섞인 아리치오를 대강 바른다. 그런 다음 화가는 목탄으로 윤곽을 그리고 붓으로 시노피아를 완성했다. 그리고 나서 작업은 각각 하루에 끝날 수 있을 정도로 나뉘었는데, 이를 지오르나테라 한다. 그 다음에는 아침마다 할당된 부분을 인토나코로 다듬고 윤곽을 다시 그린 후 그림을 진행시켰다. 세코에서 다시 수정할 수도 있지만 그런 경우에는 불이익을 감수해야 했다. 이런 기법은 1390년에 출판된 첸니노 첸니니C. Cennini의 논문 「예술의 서Il Libro dell'arte」에 상세하게 나온다.

여기에는 대단히 명확한 단점과 명확하지는 않지만 중요한 장점이 각기 존재한다. 프레스코 회화는 작업 초기에 최종 결정이 이루어져야 했다. 일단 시노피아가 완성되면 구성상의 주요한 변화는 불가능했고 작은 변화라도 문제를 일으켰다. 즉흥성은 배제되었고 화가는 작품이 점차 완성되는 것을 보면서 동시에 떠오르는 결점과 오판을 보고 틀림없이 괴로워했을 것이다. 그리고 전부 다시 시작하지 않는 한 고칠 수도 없었다. 축소화법과 투시화법으로 화가들이 누릴 수 있는 자유의 폭은 넓어졌지만, 르네상스 초기의 걸작에서도 일종의 형식성과 경직성은 남아 있었다.

한편 그 어느 방식보다 프레스코가 선호되던 피렌체에서 화가들은 자기 계획을 미리 잘 검토하여 전체와 부분 모두 드로잉으로 세밀하게 준비해야 했는데, 이 점이야말로 이 시스템의 가장 큰 장점이었다. 결과적으로 피렌체인들은 디자인과 데생 모두를 포용하는 디제뇨disegno에 집중할 수 있었다. 피렌체 화가들이나 피렌체에서 수련받은 화가들은 수도 없이 드로잉을 그려냈는데, 그 중 수천 점이 전해지며 몇몇 작품(라파엘로)은 서구 예술의 최고의 보물이 되었다. 드로잉은 점차 실물 위주가 되었고, 피렌체 화가들은 고도의 정신 집중을 통하여 인간의 형상을 충실하게 복원했다. 이 꼼꼼한 데생 전통이 없었더라면 전성기 르네상스 시대의 영광과 인간의 몸에 대한 기념(축성이라고 할 정도)은 불가능했을 것이다.

그렇지만 흥분을 잘하고 욱하는 성질이 있는 화가들에게 프레스코 벽화는 가증스러울 정도의 한계를 부과했다. 안료와 계란 노른자를 섞는 작업에는 문제가 많았다. 어떤 안료는 전혀 사용될 수 없었고, 물감도 미세한 붓끝을 이용해서 얇게 발라야지 두껍게(임파스토) 바르면 안 된다. 만약 임파스토의 효과가 필요하다면 반복해서 덧칠해야 했다. 물감을 부드럽게 칠하면 붓질이 눈에 띄지 않기 때문에 점각법의 효과를 이용해야만 했다.

이를 자세히 관찰해 보면 놀랄 정도로 단조롭다. 그림 표면에서 색채와 명암을 섞거나 융합할 수 없었기 때문에 뛰어난 예술가의 마음을 즐겁게 해주는 부수적 효과는 배제되었다. 이것은 어떤 색깔을 각 부분에 사용할 것인지를 미리 정확하게 결정해야 한다는 의미이기도 했다. 화가는 명암의 섬세함과 미묘한 차이를 도입하기 위해 온갖 종류의 복잡한 기법을 이용해야 했다. 음영에도 새로운 문제가 있었고, 보통 어두운 효과를 내려다가 색이 탁해져 절망하기 마련이었다. 모든 일에는 오랜 시간과 많은 기다림, 그리고 대단한 인내가 요구되었다. 물론 이런 어려움은 준비 단계에서 사전 계획을 촉발시켰고, 일반적으로 생각을 싫어하던 화가들에게는 그다지 나쁜 일은 아니었다. 화가들은 수준 높은 조색판을 만들어 냈고, 르네상스 초기의 환한 색조와 흰색, 그와 유사한 색들은 여러 사람들에게 강한 인상을 남겼다.

한편 작업 도중에 색채가 혼합되거나 덧칠이 되지 않아 색채의 범위는 줄어들고 단조로워졌다. 이런 한계점은 르네상스 초기의 팔레트의 크기가 작은 데에서 더욱 부각된다. 유화가 그럭저럭 완전하게 자리를 잡게 되는 16세기 후반의 거대한 팔레트와는 대조적으로 당시의 팔레트는 좁은 직사각형에 불과했다. 팔레트의 규모가 작았을 뿐만 아니라 채도가 낮고 어두운 색조는 배제되었다. 명암 배합법은 사용되지 않았고 레오나르도 다 빈치가 일단 유화를 택한 후에 매우 효과적으로 사용했던 스푸

마토sfumato[1] 기법 역시 마찬가지였다.

  템페라는 유화와 다른 매체일 뿐만 아니라 열등했고, 일단 전반적으로 사용되지 않게 된 이후에는 19세기와 20세기에 이를 되살리려는 시도 또한 결코 오래 지속되지 못했다. 여기에서 우리는 르네상스의 중심적인 또 다른 패러독스를 접하게 된다. 글쓰기에서 르네상스의 가장 중요한 사건(활자체를 이용한 인쇄)이 이탈리아 밖(독일)의 발명이었듯이, 회화에서도 르네상스의 가장 환영받은 기술적인 변화(회화에서 유화의 도입) 역시 이탈리아에서 발전하지 않고 북유럽에서 도입된 것이다(사실 이 두 발견 모두 고대에는 알려지지 않았기 때문에 르네상스의 기본 개념에는 맞지 않는다).

  테오필루스Theophilus의 「모든 예술에 관한 단편De diversis artibus」(1110~1140)에 안료를 기름과 혼합한다는 이야기가 최초로 언급되어 있다. 테오필루스는 안료와 함께 쓰이는 기름에는 호두 기름이나 아마씨 기름이 사용되었고, 건조하는 데 시간이 지나치게 오래 걸린다는 비평을 했다. 13세기에 노르웨이인들은 이를 제단화에 사용했으며 목조 조각상에 유화로 채색하기도 했다. 첸니니(1390)는 이것을 독일식 방법이라고 부른다.

  유화를 매우 전문적인 방식으로 격상시키고 그 과정을 꾸준히 발전시킨 이들은 바로 북유럽 국가의 화가들이었다. 15세기경 그들은 유화를 패널 그림에 이용하고 벽화에도 사용하기 시작했다. 세심한 주의를 기울여 세부적인 밑그림에 유화 물감을 얇게 연속적으로 몇 겹 바르면 스테인드글라스와 마찬가지로 대단한 투명성과 깊이의 효과를 낼 수 있다는

---

1 회화나 소묘에서 매우 섬세하고 부드러운 색의 변화를 표현할 때 쓰는 음영법.

사실을 그들은 곧 간파해 냈다.

사실 초기의 유화 화가들은 글라스 화가인 경우가 많았고, 교회 창문처럼 빛나는 효과를 불투명한 목판에 표현하는 방법을 배웠다. 디르크 보우츠D. Bouts(1415~1475)는 관행적으로 엷은 물감을 다섯 층, 또는 그 이상을 칠했다. 그의 동시대인 얀 반 에이크(1422~1441 활동)는 세부 묘사와 광택, 민감성, 심오한 깊이와 빛의 존재의 몰락을 완전히 새롭게 묘사하는 방식 등으로 유화 물감을 처음 보는 이들을 경악시킬 만한 효과를 일구어 냈다. 100년 후에 바사리는 반 에이크의 매체 제어력에 너무나 감명을 받아 그가 이를 발명했다고 잘못 말하기도 했다.

그러나 인쇄와 달리 유화는 이탈리아까지 전해지는 데 시간이 너무 오래 걸렸고, 널리 채택되는 데에는 더 많은 시간이 필요했다. 여행을 많이 다녔던 화가 안토넬로 다 메시나Antonello da Messina가 이탈리아에서 처음으로 유화를 받아들였다고 알려졌으며, 그는 1475~1476년의 베네치아 여행중에 그 표본을 분명히 보여주었다. 중앙 이탈리아에서 페루지노는 1480년대에 기름과 템페라를 혼합해서 사용했고, 1490년대에는 전적으로 유화로 돌아섰다. 도시 학파 중에서 베네치아가 처음으로 유화를 열광적으로 채택한 이후 그 효과는 오래 지속되었다. 베네치아인들이 드로잉에 관심이 없었던 것은 아니다. 조반니와 젠틸레 벨리니G. Bellini의 아버지인 야코포 벨리니J. Bellini의 드로잉 중 현존하는 두 권의 앨범을 보면 베네치아의 데생 화가들이 얼마나 훌륭하고 창조적인지 알 수 있다. 그렇지만 이들은 피렌체인들과는 달리 드로잉에 애착을 보이지 않았다. 그들이 이렇게 열광적으로 유화를 받아들인 이유 중에는 작업 도중 계획 수정이 가능하다는 데 있다.

조르조네Giorgione(조르조 다 카스텔프란코Giorgio da Castelfranco라고도 함. 1477~1510)의 걸작 「폭풍Tempesta」(1505년경)을 마치 엑스레이 사진을 보듯 유심히 들여다보면, 세부 묘사를 대거 수정하는 것과 연관된 펜티멘티 pentimenti라는 요소를 엿볼 수 있다. 이 기법은 후에 유럽 예술에서 매우 친근한 요소가 된다. 그의 동업자 티치아노는 일생 동안 좀더 광범위한 변화 작업을 했다. 또 베네치아인들은 사용할 수 있는 색채의 범위가 확장되고 풍부했을 뿐만 아니라, 자연의 빛과 명암의 대조적 효과를 극적으로 표현할 수 있었던 유화를 좋아했다. 피렌체인들이 데생으로 이름을 날렸듯이 베네치아인들은 색채와 극적인 요소면에서 필적할 대상이 없을 정도의 위업을 이룩했다.

근본적인 결과는 다른 곳에서도 나타났다. 네덜란드와 플랑드르인들이 처음에는 유화를 목판에 도입했지만, 곧 다양하게 처리된 물감을 수용하기 위해 확장된 캔버스를 사용하기 시작했다. 캔버스의 도입은 유화의 사용만큼이나 중요했다. 이제 화가들은 자기가 작업하는 표면의 크기와 모양, 재질을 결정할 수 있었고, 이와 더불어 무게도 가벼워지고 경제적인 부담도 줄게 되었다.

그 역사가 유구한 패널화는 새롭고 혁신적인 이젤 회화로 계승되거나 보완되었다. 화가들은 이제 이젤의 작은 캔버스나 패널에 그림을 그려 생계를 꾸릴 수 있게 되자, 예나 지금이나 가장 수지 타산이 잘 맞는 예술인 초상화를 취급할 수 있었다. 화가는 이젤을 들고 다니거나 자기 화실에서 작업할 수 있었고, 누드 모델을 포함하여 남녀 모델이 그의 화실에서 좀더 편하게 자세를 취할 수 있었다. 무엇보다 시간을 엄청 잡아먹는 특성이 있던 벽화라는 고된 작업을 피할 수 있었고, 그에 따라 교회 일도 줄어들게 되었다. 화가들은 자기 화실에서 제단화를 계속 만들어 냈지만 이런 작품은 이제 단지 일부에 불과했다.

결과적으로 회화의 이런 변화들은 종교 예술의 독점을 종식하는 상업적인 기동력이 되었다. 물론 이런 일이 필연적이기는 했지만, 16세기의 유화 덕택에 변화의 속도는 엄청날 정도로 가속화되었다. 또 화가는 궁전 벽화라는 독재 방식의 작업에서 빠져 나오면서 예술을 후원한다는 명목으로 목을 조르던 귀족과 군주의 손아귀에서 벗어나 신진 부르주아들에게도 그들의 그림을 들여다볼 기회를 주었다. 이런 현상은 북유럽 국가에서 먼저 발생했고 궁극적으로 이탈리아에도 일어났는데, 그 이후 이탈리아 회화는 이전과 전혀 달라졌다.

회화 세계의 이런 기술적 변화와 더불어 개념의 세계에서도 르네상스에 독특한 원동력을 제공하는 사실이 있었다. 바로 진보의 개념이었다. 인간은 본성상 사태를 향상시키고 상황이 개선되기를 바란다. 어느 사회에서나 이런 기대는 있게 마련이지만, 특히 이를 존재의 주요 원칙으로 삼는 사회가 있는 반면, 일이 올바르게 규범대로 이루어지기를 더욱 열망하는 사회도 있다.

이와는 대조적으로 그리스인들은 자기 향상을 추구하고 달성할 목표를 세우고 오이쿠메네oikoumene[2]를 통해 이 개념을 확산했다. 이런 개념은 분명 공화국 로마를 전염시켰지만 로마 제국의 당국자들은 유익한 변화보다는 질서와 안정에 더 관심을 가졌고, 이는 그 경제에 치명적인 결과를 초래했다. 예술에도 그 영향력이 파급되어 예술은 퇴보하기 시작했고, 보통 암흑기와 연상되는 예술적 데카당스와 침략자들의 야만주의 세력은 전체 제국이 방어 체제로 붕괴하기 이전부터 이미 자리를 잡고 있었다.

적어도 11세기까지는 진보적인 개념과 이전 세대의 작업을 체계적으로 향상시키려는 노력이 미미한 편이었지만, 그 이후에는 (이미 주목한 대로) '우리보다 훨씬 더 일을 잘해 내던' 고대에서 영감을 얻어 그 세력을 확장했다. 14세기 이후, 특히 고대에 대한 관심이 높았던 이탈리아에서 (자칭) 근대인들은 로마의 영광기에 그들이 배워야 했던 것을 모두 배우는 것은 물론 지식과 글과 건축, 조각, 예술에서 더 높은 기준에 도달하기 위해 지식을 쌓아 나가야 한다고 생각했다.

피렌체는 제노바와 베네치아 등의 경쟁 국가를 능가하기 위해 늘 강력하게 대처해 왔고, 13세기 이후에는 상업은 물론 예술에서도 이런 경쟁심을 더욱 고취했다. 화가와 조각가, 건축가들은 계약을 따내기 위해 서로 경쟁하도록 고무되었으며 영광을 위해서는 더더욱 그러했다. 개인 예술가들은 화가로서 존경을 받기 시작하면서, 중세의 익명성에서 벗어나 개인적인 명성을 누리게 되었고, 결과적으로 경쟁은 더욱 심화되었다.

---

2 만인이 거주하는 세계.

세대 안에서 그리고 그들간의 경쟁이었다.

단테는 조토의 명성으로 치마부에의 명성이 쇠퇴했다고 처음으로 지적한 바 있다. 2세기 후에 레오나르도는 '자기 스승을 능가하지 못하는 제자는 불쌍하다'면서 그의 말을 확인했다. 곰브리치E. H. J. Gombrich의 「예술적인 진보의 르네상스 개념The Renaissance Conception of Artistic Progress and Its Consequences」이라는 유명한 에세이에서 부활된 1473년의 텍스트가 있다. 여기에서 피렌체의 인문주의자 알마노 리누치니A. Rinuccini는 위대한 예술 후원가 페데리고 다 몬테펠트로에게 보내는 헌정사에서 예술이 너무나 진보하여 이제 사람들은 더 이상 고대인 앞에서 자신을 낮출 필요가 없다고 강력하게 주장한다.

리누치니는 치마부에와 조토, 타데오 가디T. Gaddi의 독특한 작업을 예로 들면서, 이들이 진보적으로 너무나 높은 기준을 세웠기 때문에 고대의 예술가들과 나란히 설 만하다고 말한다. 그 이후의 마사초의 업적은 더 훌륭했다고 그는 덧붙인다. 그리고 도메니코 베네치아노Domenico Veneziano는 어떤가? 수도승 필리포 리피F. F. Lippi(1406년경~1469) 수사는? 도미니코 회 수사 요한(안젤리코F. Angelico, 1395~1455)은? 그는 자신의 연도에 기베르티와 루카 델라 로비아, 그리고 무엇보다 도나텔로를 포함시키고 있다. 수사학과 라틴어 글을 포함한 전 영역에서 예술가와 학자들이 선조들의 업적을 토대로 고대에는 절대로 필적할 수 없는 기준의 업적에 도달했다는 것이 그의 주장이다.

리누치니는 알베르티의 「회화론」을 읽은 후에 이 헌정사를 저술한 것으로 보인다. 알베르티는 인간성이 쇠퇴하여 고대의 거장 같은 거인들이 더 이상 배출되지 못한다는 자신의 믿음이 피렌체에서 마사초와 브루넬레스키, 도나텔로, 기베르티와 델라 로비아의 작품을 보고 완전히 사라졌다고 거침없이 말했다. 예술가들은 선조들은 물론이고 자신들끼리도 서로 능가하려고 분투하면서 주변에서 보는 실제 세계에서 얻은 절대적 기준을 설정했다.

곰브리치는 위대한 모든 르네상스 예술가들 중 가장 성실했던 기베르티가 고대의 가장 훌륭한 조각가 리시푸스Lysippus의 말(플리니우스가 기록을 남겼다)을 마음에 새겼다고 말한다. 모름지기 예술가는 다른 예술가의 작품을 모방해서는 안 되고 자연 자체를 모방해야 한다는 것이다. 그가 세례당에 제작한 두 번째 청동 문은 자연을 더 면밀하게 연구하여 처음 작품을 능가하려는 의식적인 노력이었다.

기베르티나 브루넬레스키 등은 자신을 예술가는 물론이고 총체적인 인간 지식을 진보적인 실험으로 증가시키는 과학자(우리는 그렇게 부른다)로 보았다. 당대의 위대한 회화 대다수는 무엇이 행해질 수 있는가와 그것을 어떻게 해야 하는가를 보여 준다. 후원자들도 이를 이해하고 격려하면서 거장에게 일을 위탁할 때마다 그가 지식과 기술의 최전방으로 좀 더(어떤 경우에는 아주 많이) 나가도록 밀어 주었다. 이 점이야말로 르네상스의 진정한 정신이다.

당대 예술가들은 바로 이런 배경에서 작업을 했다. 그들은 언제나 앞으로 나아갔고, 뒤로 돌아가는 것은 불가능했다. 안정성도 없었다. 그렇지만 르네상스의 어느 시기에서도 예술가들은 집단 세력의 포로는 아니었다. 특히 최고의 예술가들은 매우 개인적이고 스스로에게 법처럼 군림했다. 그 중에서 치마부에가 최초로 르네상스의 형식을 수립했다.

그의 별명은 '황소 머리'였다. 자부심이 강하고 고집이 세고 의욕이 강했으며, 옳다고 생각하는 것은 꼭 해낼 결의에 차 있었다. 단테는 그가 어떤 비판에도 꿈쩍하지 않았다고 말한다. 특히 아시시의 산프란체스코 상부교회의 신전과 교차대의 프레스코화에서 그는 비잔틴에서 최근 부흥한 로마 양식의 가치 있는 것(새로운 몸짓과 운동, 의복과 배경의 명암과 표현적인 기교)을 모두 흡수했다. 동시에 그는 혁신적 기법을 규범적인 장치로 동결하여 반복하던 과거의 숨막히는 경향을 거부했다.

그리스 정교는 성인들을 그려내는 '올바른' 방식을 알려 주고, 허용된 주제의 범위를 한정하여 예술가들을 무력화시키는 경향이 있었다. 로마 가톨릭의 경우는 1563년 트렌트 총회에서부터 이런 시도를 시작했다. 치마부에는 이에 저항했다. 그는 대단한 에너지로 그림을 그리고 때로는 매우 감각적인 터치를 했던 극적인 인물이었다.

그의 이런 성향은 아시시 작업 도중에도 잘 드러난다. 당시의 상황은 1990년대에 지진이 일어나기 직전의 상태처럼 그다지 좋지 못했다. 수랑[3]의 낮은 벽에는 머리를 곤두서게 하는 바빌론 파괴 장면과 비탄에 빠진 성 막달라 마리아St. Maria Magdalena의 영광스러운 모습이 그려졌는데, 이 이미지만으로도 그의 천재성을 키워준 무미건조한 중세와 그를 구분할

---

3 십자형 교회당의 좌우의 날개 부분.

수 있다.

또 그는 피사 성당의 후진4에 성 요한의 모자이크화를 만들었다. 이 작품은 모든 기법 중에서도 가장 경직된 기법(이탈리아의 예술가들이 현명하게도 대부분 비잔틴에 남겨 주었다)을 통해 새로운 우아함과 공감을 불러일으킨다. 르네상스 초기의 다른 대가들의 경우와 마찬가지로 치마부에가 혁신한 것들은 재빠르게 일상적이고, (심지어는) 진부한 것이 되었으며, 후대의 예술가들은 이를 그대로 받아들여 답습하기도 했다.

치마부에에서 조토 디 본도네에 이르기까지는 27년이라는 그들의 나이 차이를 뛰어넘는 큰 도약이 있었다. 이탈리아는 단테의 판단을 따랐고, 이후의 비평가들은 조토가 회화에 있어 완전히 새로운 것을 '시작'했다고 보았다. 1430년대에 마테오 팔미에리M. Palmieri는 '조토 이전'의 회화가 '우스꽝스러운 형상의 생명력 없는 여인'이라고 언급한다. 조토가 회화를 '부활'시키기 이전에는 '놀랄 정도의 어리석음으로 가득'했다.

파도바의 아레나 예배당에 있는 그의 작품(1303~1306) 중 최고로 손꼽히는 「비탄Lamentation」과 「그리스도의 배신Betrayal of Christ」 및 「요아킴과 양치기들Joachim and Shepherd」을 보면 진정한 그림이 출현하고 있음을 알 수 있다. 인물들은 합리적인 위치에서 다소 유사한 공간과 환경에 자리를 잡고 있다. 「요아킴과 양치기들」에서 나무는 황당한 형태이고 양은 오히려 쥐의 형상 같지만, 개는 실제적으로 표현되고 언덕에서 양을 돌보는 양치기들의 모습은 실제로 볼 수 있는 사람들이다. 「그리스도의 배신」과

---

4 교회 성가대 뒤쪽의 반원형 부분.

「비탄」 모두 깊은 강도의 감정을 보여주는 작품으로, 여기에 등장하는 인물은 일상의 거리에서 볼 수 있는 얼굴들로 수심에 가득 차 경련을 일으키며 눈물을 흘린다.

그로부터 20년 후 조토는 피렌체의 산타크로체 교회의 바르디와 페루치 예배당과 (아마도) 아시시의 상부교회에서 복잡한 투시화법을 이용하여 좀더 자유자재로 (동적인 우아함이 엿보인다) 인물들을 그려낸다. 전체적으로 상당한 깊이가 돋보이는 구성으로, 고대 이후 처음으로 사람들은 그림의 장면 속으로 빨려 들어가 편안함을 느낄 수 있었다.

조토의 작품은 치마부에의 것보다 더 나았지만, 그의 동시대인과 후세 사람들을 가장 감동시켰다는 그의 후기 걸작들 중 전해지는 작품은 없다. 후기 예술가들은 그를 위대한 화가들의 사도적인 계승의 정점에 둔다. 기베르티와 알베르티, 레오나르도 모두 그의 작품에 대한 논평에서 그가 비잔틴의 방식을 파기하고 자연을 자기 모델로 삼았던 점을 언급한다.

바사리는 16세기 중반이라는 유리한 위치에서 과거를 돌아보면서 예술의 발전을 세 시대로 나누고 첫 시대는 조토, 두 번째는 마사초, 그리고 세 번째는 레오나르도가 도입했다고 주장하였다. 그의 주장에는 일면 옳은 점도 있다. 어쨌든 15세기 중엽에 일반적으로 예술가들은 조토의 추종자와 후계자들이 자연에 대한 연구를 게을리했기 때문에 그의 업적을 실질적으로 개선시키지 못했다고 생각했다. 오히려 반세기도 더 지난 후에 등장한 마사초가 그의 작업을 '복구'하고 개선했다. 마사초는 최초의 위대한 르네상스 화가로 여겨지기도 하지만, 조토를 공평하게 평가하자면 그는 두 번째가 된다고 할 수 있다.

조토가 르네상스의 선구자였다면 마사초는 르네상스의 수혜자이다. 그는 회화에 대한 고전 텍스트를 알고 있었고 복구된 문헌에 대해서는 더 많이 알았다. 그는 14세기 초라는 시대에는 불가능한 방식으로 고대 정신에 고취되었다. 무엇보다 그가 브루넬레스키의 투시화법과 도나텔로의 형상 제작 방식을 모두 혜택받았다는 점이 중요하다. 사실 그의 활동 기간은 10년도 채 되지 않았고 그나마 대부분의 작품이 상실되었다. 그렇지만 그는 같이 일하던 뛰어난 조각가들 덕택에 조토를 능가하는 두 가지의 업적을 일구어 냈다.

우선 그는 현재 런던 국립 박물관에 소장된 「성모와 성자Virgin and Child」 제단화의 중앙 패널화와 피렌체의 산타마리아노벨라 교회의 「삼위일체 The Trinity」 프레스코화에서 원근법을 이용하여 자연스런 배경을 만들어 냈는데, 이는 분명 브루넬레스키의 전시 패널화를 집중적으로 연구한 결과이다. 두 번째로 그는 피사 제단화인 아름다운 「성 바울로St. Paul」 패널화를 통해 진정한 3/4 길이의 성인 초상화를 만들어 내면서 경탄할 만한 솜씨를 발휘하여 우아하고 섬세하면서도 확신감에 넘치는 얼굴과 손을 보여 준다. 도나텔로의 인물 조각상의 영향을 받은 것이 분명하지만, 마사초는 격렬한 도나텔로의 작품에는 결여되었던 부드러움과 공감을 더했다.

산타마리아델카르미네 교회에 있는 브란카치 예배당의 벽화인 아름다운 프레스코화「헌금Tribute Money」에도 이런 정신이 그대로 드러난다. 형상과 가옥 및 배경이 되는 산들이 자연과 완전한 조화를 이루지는 못하지만 예술가는 거의 그런 경지에 도달했다. 이 작품은 조토의 걸작에서 거의 1세기가 지난 1427년 완성되었고, 그 100년 동안 여러 가지가 습득되었다는 것이 드러난다. 당대(1436)에 알베르티가 이미 8년 전에 타계한 마사초를 모범적인 화가로 본 것은 놀라운 일이 아니다.

사실 마사초 이후의 이탈리아 화가들을 단순히 사도적인 계승으로 파악할 수는 없다. 너무 많은 이들이 너무 많은 지식을 배워 가는 사이에 예술은 다양해졌고, 때로는 경쟁해 가며 모순적인 방향으로까지 뻗어 나갔다. 실존하는 인물들을 그럴듯한 공간에 배치하려는 이 새로운 자유는 지식으로 전달되었고, 개인 예술가들은 1420년 이전에는 불가능했던 에너지와 상상력을 발휘하여 자기 개성을 개발할 수 있었다.

마사초보다 약간 연장자이며 훨씬 더 오래 살았던 파올로 우첼로는 평생 투시화법에 매료되어 대단히 숙련된 솜씨를 발휘했다. 그는 거의 열성적일 정도로 축소화법에 탐닉했고, 기하학을 기술이자 과학으로 여겨 관심이 많았다. 자연에 대한 관심은 이보다 덜한 편이었지만, 그는 운 좋게도 기베르티 문하에 들어갈 수 있었다.

현재 파리와 피렌체, 런던에 뿔뿔이 흩어져 있는 위대한 패널화「산 로마노의 전투The Battle of San Romano」세 점은 브루넬레스키의 패널화와 마찬가지로 축소화법과 투시화법을 과시하는 작품이다. 기사들은 흔들 목마를 탄 장난감 병정처럼 보이고 전투장은 들판보다는 마치 마루처럼 보이지만, 그 이미지만은 잊혀지지 않는다. 오히려 대단히 놀랍기까지 하다. 옥스퍼드 대학교의 애슈몰린 미술고고학 박물관에 소장되어 있는 「수렵 장면Hunting Scene」 등과 같은 대표작은 작품의 본질보다는 매우 개인적인 기술면에서 보는 이의 마음을 사로잡는다. 우첼로는 장식적이고 패턴에 의한 효과를 내기 위해 애썼다는 점에서 중세 화가이며, 조토의 전통과 마사초로 구현되는 인문주의의 순수한 계보를 잇고 있지는 못하다.

당시 화가들은 장식적 요소를 표현하려는 욕구가 대단했는데, 단지 그 이유가 후원자 대부분이 이를 좋아해서만은 아니었다. 1420년대에 피렌체의 은행가 집안 스트로치Strozzi가의 수장은 베네치아의 화가 젠틸레 다 파브리아노Gentile da Fabriano(1370~1427)에게 가문의 개인 예배당을 위한 장엄한 제단화를 위탁했다. 그 소산인 중앙 패널화 「동방박사들의 경배The Adoration of the Magi」(1423)는 금과 화려한 금속 세공으로 빛나는 작품으로, 문자 그대로 르네상스의 보석이 되었다.

이 작품을 보면 많은 화가들이 보석 세공사의 작업장에서 일을 시작했고, 후원자들을 위해 그림을 벽에 거는 이차원적인 거대한 보석으로 여겼다는 점을 다시 한 번 상기하게 된다. 이들을 통해 신성한 주제는 후원자들의 사치스럽고 세속적인 삶에 대한 해독제로 작용했다. 젠틸레는 번쩍이는 의상을 입은 3명의 왕을 통해 대가답게 자신의 기법을 표현했다.

우리를 즐겁게 해주듯이 분명 당대인들도 즐겁게 해주었을 이 화려한 그림은 널리 영향력을 행사했다. 더욱이 멀리 사라져 가는 왕의 행렬은 원근법을 이용하여 표현했고, 눈부실 정도로 대단히 자연스런 명암법도 사용했다. 주요 인물들의 형상은 이상화된 모습이지만, 조신들과 그 뒤를 따라오는 이들의 모습은 피렌체의 거리와 베네치아의 운하에서 생생하게 볼 수 있는 모습이다. 실제로 1530년대에 살던 여러 얼굴들의 거칠고 예민하고 교활하고 호기심 많고 잘난 척하고 즐거운 모습인 바로 인생의 관상학이다.

르네상스 회화에서는 인간에 대한 관심이 이전보다 높아지면서 그 결과가 종교적인 도상법에도 적용되었다. 고아였던 필리포 리피 수사는 수도원에서 양육되었고, 수도회에 들어가기로 예정되었다가 그만 수녀와 줄행랑을 쳐서 굉장한 추문을 일으킨 인물이다. 이미 그의 재능을 인정했던 메디치 가문의 도움으로 그는 환속하게 되었고, 그의 아들 필리피노 리피F.Lippi(1457~1504) 또한 화가로서 명성을 얻게 된다.

필리포는 스폴레토와 프라토 등의 성당에서 위엄 있는 프레스코화로 멋진 군중 장면을 그릴 기회를 얻게 되었다. 성모와 성인들은 성스럽고 장엄하며 전혀 이 세상에 속해 있지 않은 반면, 있는 그대로 표현된 군중들은 범상하기 그지없다. 그와 동시대인 안젤리코 수사 역시 이런 이분법을 적용했다. 그의 성모 마리아와 아기 예수는 비록 색채가 화려하기는 해도 대단히 온화하고 단순하면서도 성스럽다. 그는 사람들의 마음에 신앙심을 불러일으키는 능력 덕분에 여러 성직자들을 고객으로 확보할 수 있었다.

도미니코회 수사이던 안젤리코는 피렌체에서 가장 분주한 작업장을 운영하다가 결국 로마로 불려가 여러 교황들을 위해 일하게 된다. 그는 개개인의 인물을 표현했는데「설교하는 성 베드로St. Peter Preaching」(1433) 작품(그 일부가 리나이우올리 성궤(현재 피렌체의 산마르코 박물관 소장)라고 알려짐)에 등장하는 많은 사람들은 각기 생각에 사로잡혀 있다. 실제로 작품의 인물들 중 설교를 듣는 이는 아무도 없고, 단지 초상화의 모델로 자세를 취하는 것처럼 보인다.

바티칸 박물관·미술관에 소장되어 있는「구호품을 나눠 주는 성 로렌스St. Lawrence Distributing Alms」(1448)에 묘사된 일단의 거지들은 모두 화가가 면밀하게 관찰한 결과이며, 여기에도 인성에 대한 이해가 견실하게 드러난다. 또 성 로렌스의 화려한 의상은 그 자체가 예술 작품이고, 건축적인 배경은 눈부신 투시화법과 장식적인 세부 사항으로 표현되었다. 이것은 세속적인 예술인들은 물론 성스러운 안젤리코까지 사로잡은 르네상스 시대의 또 다른 집착이 엿보이는 장면이다. 그럼에도 새롭고 세련된 르네상스의 이면에는 종종 중세의 유치한 흔적이 남아 있었다.

특히 안젤리코 수사의 수제자 베노초 고촐리의 걸작에도 이런 점은 분명히 드러난다. 피렌체 메디치 궁 예배당의 세 개의 벽을 차지하는 그의「동방박사의 여행Journey of the Magi」(1459~1461)은 젠틸레의「동방박사들의 경배」에서 영감을 얻기는 했지만 단순한 반복을 뛰어넘는 작품이다. 여기에는 각 왕을 위한 세 개의 행렬이 금색과 주홍색, 자주색, 황록색 등 다양한 색채로 화려하고 세밀하게 표현되어 있다. 들판과 마을을 따라 굽이쳐 흘러가는 이 행렬과 함께 묘사된 낙타와 말, 나귀, 노새, 개, 사슴을 쫓아가는 표범, 새, 꽃, 이국적인 나무와 성은 눈이 부실 정도이다. 행

렬에 등장하는 인물 중에는 메디치 가문의 일원과 그 추종자들의 초상화
는 물론이고, 베노초 자신의 얼굴도 등장한다.

세부 사항을 충분히 감상할 수 있을 정도로 잘 복원·보존된 이 벽화
가 소장된 방은 르네상스 시대 최고의 업적으로 꼽힌다. 더욱이 그 성전
에는 베노초의 다른 작품도 소장되어 있다. 이 매혹적인 방에 들어와 본
사람이라면 결코 이 방을 잊지 못할 것이다. 이 방은 가장 순수한 르네
상스의 종교적인 오락을 과시하면서 미와 즐거움의 세계에 사는 기쁨
을 축하한다.

두칼레 궁에 있는 안드레아 만테냐의 「결혼의 방Camera degli Sposi」(1474)
은 이와 유사하지만 만만찮은 작품이다. 1474년 완성된 이 작품은 당시
이탈리아 회화의 급속한 발전상을 보여주는 동시에 고촐리처럼 두 번째
서열에 속하는 숙달된 예술가와 위대한 거장의 차이를 드러낸다.

만테냐는 까다로운 사람이고 작업 속도도 느린 편이었다. 그는 거의
반세기 동안 만토바 곤차가 가문의 궁정 화가로 일하면서 성인의 자세로
자신의 결점과 싸워 갔다(도도한 군주가 기꺼이 예술적인 기질에 복종했던 것도
르네상스가 힘을 행사할 수 있었던 이유의 하나이다). 그는 파도바에서 작업하다
가 당시 위대한 기마상을 만들고 있던 도나텔로를 알게 된다. 그는 도나
텔로를 통해 피렌체의 과학적인 예술성의 비밀에 대해 이해하게 된 것은
물론, 있는 그대로의 인물에 대한 열정도 알게 되었다.

어쩌면 만테냐는 조각가가 되었어야 했을지도 모른다. 그의 스승 프란
체스코 스콰르초네F. Squarcione(1397~1468년경)는 그가 대리석이나 돌로 만

든 것처럼 인물을 그려낸다고 비평했다. 밀라노에 있는 그의 유명한 작품 「죽은 그리스도Dead Christ」는 대담하게 축소화법을 시도한 작품이며, 붓으로 그려낸 그림이라기보다는 정으로 조각한 것처럼 보일 정도이다. 또 자신의 아내와 첫 아이를 모델로 삼았다는 설이 있는 자전적인 「교회당의 표상Presentation at the Temple」은 캔버스 천에 템페라 물감으로 그려졌지만 마치 화강암처럼 단단해 보인다. 훌륭한 제단화인 「십자가에 못박음Crucifixion」(루브르)과 「정원의 고통The Agony in the Garden」(런던 국립 박물관) 같은 작품의 인물들은 바위에서 튀어나와 안정된 자세로 자리를 잡은 것처럼 보인다. 인물들은 석질화石質化를 통해 경외심을 불러일으키고, 실제보다 크게 보일 뿐만 아니라 더 단단해 보인다.

신의 분노를 암시하는 그의 종교적 이미지에는 공포와 두려움이 내재되어 있다. 르네상스 예술가 중에서 가장 학식이 높은 편에 속했던 그는 로마와 로마 시대의 건축, 장식 모티프와 무기류에 대한 전문가였고, 고대라는 배경하에 확고한 역사 감각을 바탕으로 성경에서 인용한 장면을 세부적으로 정확하게 묘사했다. 그 결과 초인간적인 그의 인물들은 15세기의 일상생활과는 더욱 동떨어지게 된다.

한편 그는 「결혼의 방」 벽화에서 곤차가 궁에서 목격했던 것을 그대로 재현하여 15세기 궁정 생활을 사실적으로 묘사했다. 실내(「계약서의 서명The Singing of the Contract」)와 실외(「만남The Meeting」)의 주요 장면을 통해 우리는 예식과 외교, 음모와 책략의 세계로 직접 들어갈 수 있다. 이후에 마키아벨리와 카스틸리오네는 이런 세계를 언어로 표현하기도 했다. 각기 프레스코화와 세코(또는 프레세코)인 이 그림들은 두 개의 모범적인 텍스트라 기보다는 르네상스 궁정에 대한 정보를 좀더 알려준다고 하겠다.

이 방에는 기묘한 것들이 많이 등장한다. 천장의 눈目, 즉 아치형 채광창 그림에는 아래에서 위로di sotto in su라는 새로운 기법이 도입되어, 아래에서 위를 올려다볼 때 자연스럽게 보이도록 인물들을 의도적으로 왜곡시켰다. 이 기법은 만테냐가 도나텔로의 전형적인 기법을 이용해서 만들어 낸 것이다. 이는 그 다음 세대에 등장하는 코레조의 작품, 즉 바로크 전체의 작품을 예시한다. 그렇지만 각 인물의 경우에는 그런 속임수가 전혀 사용되지 않았다. 15세기 이탈리아의 도시 궁정에 살던 실제 인물들인 이들은 자기 생각을 감춘 채 숙덕대며 입에 발린 말을 하거나 시치미를 떼고 연설한다. 또 아름다운 자태를 과시하고 거들먹대기도 하며 온갖 감정을 느끼는 척한다. 여자들이 남자보다 수는 적지만 더욱 교활해 보인다. 사악한 개들 역시 그 묘사가 실제적이며, 성과 주택 그리고 교회와 시골길은 이탈리아 북부의 모습을 생생하게 보여 준다. 만테냐는 환각주의 기법의 대가이면서도 언제나 진실을 말하기 때문에 관객은 그의 작품에서 늘 많은 것을 배우게 된다.

만테냐가 경치에 흥미를 보이고 또 이를 충실하게 표현했다는 점에서 그가 북부 이탈리아 출신임이 다시 한 번 부각된다. 피렌체 예술에 약점이 있다면 지나치게 인간의 몸에만 집중한다는 점이다. 인물의 배경이 되는 건축적인 설치는 버팀목이나 투시화법의 표현으로만 사용될 뿐 본질적으로 흥미를 가지고 관찰된 실재는 아니다. 북쪽으로 갈수록 수풀과

산, 계곡, 강은 더욱 인상적이며, 성읍도 추상적으로 표현되지 않고 상세하게 실재적으로 기록되었다. 베네치아는 부유하고 생기 넘치는 강력한 도시 국가로 오랫동안 예술을 후원했지만, 르네상스의 정신을 얻는 데에는 그 속도가 느렸다.

피렌체의 치마부에와 조토, 마사초로 이어지는 계보가 베네치아에는 없지만, 1525년 이후 명문가 벨리니 집안 덕택에 위대한 그림들이 제작되기 시작했다. 가문의 수장격인 야코포 벨리니는 그의 딸 니콜로시아를 만테냐와 결혼시켰다. 또 자신은 백랍 세공인의 아들이기는 했지만 젠틸레 다 파브리아노에게서 수학하기도 했다. 이런 식으로 당대의 가장 복잡하게 얽힌 예술의 계보가 등장하게 된다.

야코포는 주로 루브르와 영국 박물관에 소장된 훌륭한 드로잉 전집으로 유명하다. 그의 아들 젠틸레 벨리니는 베네치아의 배경을 바탕으로 대단한 효과를 창출해 낸 베네치아의 저명한 궁정 화가였다. 그의 「산 로렌초의 진정한 십자가의 기적Miracle of the True Cross at San Lorenzo」은 가장 상세하게 묘사된 건물과 튤립 모양의 기둥 등이 주요 특징으로 부상하는 탁월한 도시 풍경화이다. 사실 그는 도시 풍경화의 대가였고, 그를 능가할 자는 제자인 위대한 비토레 카르파초V. Carpaccio(1460년경~1525)뿐이었다.

카르파초는 베네치아 시는 물론이고 인근의 습지와 석호를 묘사한 탁월한 솜씨로 르네상스 전체에서 가장 매혹적인 사실주의 화가로 떠올랐다. 특히 그는 서재에 있는 성 아우구스티누스의 모습을 묘사한 그림에서처럼 경치와 실내에 개를 그려내는 데 뛰어난 재능을 보였다. 이 그림에는 인문주의 학자들이 일하던 방이 있는 그대로 아름답게 묘사되어 있다. 발코니에서 밖을 내다보는 2명의 베네치아 귀부인을 묘사한 그림에서도 개가 등장한다.

젠틸레 벨리니는 이 장면에 지중해 동부 지방을 여행하면서 얻은 이국적인 기법을 발휘한다. 그의 대형화 작품「알렉산드리아에서 설교하는 성 마르코St. Marco Preaching in Alexandria」에는 낙타는 물론 기린도 등장하고 아랍 건축의 기법이 두드러진다(더욱이 술탄의 선물로 받은 황금 목걸이를 걸고 있는 자화상까지 나온다). 그의「산 로렌초의 진정한 십자가의 행렬Procession of the True Cross in the Piazza San Lorenzo」에는 중요한 지형학적인 예술 작품인 대성당의 파사드가 등장한다. 이 베네치아의 예술적 전통이 250년간 무르익은 후에 화가 카날레토Canaletto가 등장하게 된다.

젠틸레의 동생 조반니 벨리니는 그의 긴 생애(바사리는 그가 90세에 죽었다고 한다) 동안 한 번도 베네치아를 벗어나 본 일이 없었다. 그 또한 베네치아의 풍경에 집착했고, 성스러운 제단화와 그 외의 그림에서 인물의 윗부분이 그 뒤로 풍광을 슬쩍 내비치기도 했다. 그는 주로 농부들이 들에서 일하고 소들이 풀을 먹고 있는 시골 풍경을 그렸다. 여기에는 15세기 초 림뷔르흐Limburg 형제의 네덜란드 화풍이 반영되어 있다. 이 형제는 중세 말기에 제작된 가장 호화스러운 성무일도서聖務日禱書, book of hours[5]인 베리 공작의「값진 시간Très Riches Heures」에서 농업상의 절기에 따라 그림을

---

5 중세 말기에 널리 유행했던 기도서.

그린 화가들이다.

벨리니는 여행은 하지 않았지만 유럽에서도 가장 분주한 교차 지역에 거주하면서 네덜란드와 플랑드르, 독일, 프랑스와 피렌체, 롬바르디아의 영향을 받았다. 그는 이를 흡수하여 매우 개인적이고 분명한 양식으로 변화시키면서 언제나 전진했다. 그 과정에서 그의 예술적 기법은 더욱 발전했고 관심사도 더욱 확장되었다. 그는 예술 혁명의 중심적인 위치에서 유화를 널리 보급했으며, 이젤 회화를 도입하고 초상화를 대중화했다.

그는 사람의 얼굴을 보는 놀라운 심미안이 있었고, 이를 패널이나 캔버스로 옮기는 기술도 대단했다. 또 그의 「성모와 성자Madonna and her Child」를 본 주교와 수사 신부들은 앞다투어 그를 고용하려 했다. 그는 총독들의 위풍당당한 초상화를 그리고, 연로한 수녀원장들의 눈에서 눈물을 흘리게 했으며, 창의력과 상상력을 발휘하여 「피에타Pietà」와 「술 취한 노아Drunkenness of Noah」, 「막달라 마리아의 회개Repentant Magdalena」, 「세례 요한St. John the Baptist」 등 진부한 주제를 훌륭하게 표현했다.

조반니 벨리니는 아버지처럼 우아하게 그림을 그린 것에 더해 뛰어난 마무리로 모두를 즐겁게 했다. 그는 감수성과 섬세함을 발휘하여 본질적으로 부드러운 여인들을 만들어 냈다. 산 지오베 제단화(베네치아의 아카데미아 소장)의 동정녀 왕좌의 발치에 앉아 있는 소년 기악가 등에서 발휘된 매력적인 솜씨는 후에 여러 화가들에 의해 모방된다. 사실 이런 화가들은 그의 아이디어를 모두 훔치고 대가다운 기법을 베끼려고 했지만 대부분 실패했다.

그가 운영한 대규모 작업장에는 그의 명성을 듣고 각지에서 몰려든 조수들이 수십 명 있었다. 티치아노와 세바스티아노 델 피옴보Sebastiano del Piombo(1485년경~1547), 로렌초 로토L. Lotto 등도 초기에 그의 작업장을 거쳐 갔다. 16세기 초에 그는 생존하는 최고의 화가로 간주되어 유럽 전역에 그의 명성이 알려졌지만, 그 다음 세대의 젊은 화가인 조르조네를 비롯한 새로운 사상과 영향을 계속 받아들였다.

1506년 베네치아에 머물던 알브레히트 뒤러A. Dürer(1471~1528)는 벨리니가 이미 70대 후반임에도 불구하고, '여전히 최고'이며 그림을 잘 그린다고 말했다. 벨리니는 언제나 화가들에게 열광적인 찬사를 받았다. 또 예술 애호가들에게도 같은 대접을 받았는데, 그 중에서 러스킨은 산토 자카리아의 그의 제단화와 베네치아의 산타마리아데이프라리 교회의 3부작이 세계에서 가장 훌륭한 두 그림이라고 선언했다.

15세기에 이탈리아 전역에서 미술이 확산되면서 베네치아에서 성숙한 학파가 부상했다. 피에로 델라 프란체스카Piero della Francesca(1415년경~1492)는 페루자와 아레초 등 이탈리아 중부에서 대단한 일을 위임받아 자신의 최고 걸작인 프레스코 연작화 「진정한 십자가의 전설The Legend of the True Cross」을 탄생시켰다. 그는 르네상스 시대에 개화한 학문에 대한 특별한 욕망과 그 예술가들의 발전을 구현한 인물이다. 가죽 무두질을 하는 집안의 아들로 태어난 그의 첫 직업은 종교 행렬에서 사용되는 양초를 받치는 줄무늬 막대기에 색을 칠하는 일이었다. 그러나 그는 수학의 대가가 되었고 어느 누구보다 유클리드를 부활하고 확산하는 데 큰 역할을 했다.

그가 저술한 수많은 학술 논문 중 「상세한 원근법에 대하여De prospectiva pingendi」를 포함하여 세 편이 현존한다. 이 논문에서 그는 화가들 대부분이 알고 있는 수학적인 지식 이상을 요구하는 원근법의 규칙을 설명한다. 그는 때로는 더 중요한 다른 요구 사항을 배제하면서 원근법을 사용하여 대중을 혼란시키기도 했다. 찬란하게 빛나는 걸작 「태형Flagellation」(우르비노 공작 궁 소장)에서 그리스도와 그리스도를 공격하는 자들은 뒤로 밀려나 있고 이들과는 전혀 무관한 3명의 인물이 전경前景을 지배하는데, 이들은 태형 장면을 쳐다보고 있지도 않다.

피에로는 기이한 인물이었다. 「그리스도의 세례Baptism of Christ」(런던 국립박물관)에서는 그리스도의 머리에 요단 강 물을 붓는 세례자는 물론이고 웃옷을 벗는 남자나 충격을 받은 3명의 천사가 모두 관심의 대상으로 부상한다. 피에로의 고향 산세폴크로에 소장된 놀라운 작품 「부활The Resurrection」에서는 잠든 사람들이 기대 있는 대리석 석관에서 그리스도가 몽유병에 걸린 것처럼 일어난다.

피에로의 인물화(성인, 노래 부르는 사람, 구경꾼, 고위 성직자)에는 얼음 같은 고요함과 냉랭한 적막함이 드러나는데, 이는 아마도 냉철한 과학인 기하학에 대한 그의 집념을 반영하는 것으로 보인다. 그는 위대한 화가를 나타내는 확고한 표징이 되는 자기 이미지를 사람들의 마음에 심어 놓는 특별한 재능이 있었다. 바로 이런 능력 때문에 그는 산드로 보티첼리와 더불어 오늘날 이탈리아 르네상스의 정수로 여겨진다.

역시 특이한 인물이던 보티첼리는 피에로와 마찬가지로(30살이 더 많았

보티첼리, 「비너스의 탄생」 부분. 보티첼리는 르네상스 화가 중에서 최초로 고대 신화를 주제 면에서는 물론이고 그 영적인 내용을 사용하기 위해 채택했다.

다) 열정적인 인문주의자였지만 과학보다는 문학에 관심이 많았다. 피에로가 정적인 이미지라면 보티첼리는 유연하며 역동적이었다. 그는 강인하고 탄력적인 선을 이용하여 자신의 인물들을 표면 밖에 돌출시키기보다는 표면 안에 그려 넣었다. 작품의 등장 인물들은 몸을 흔들면서 춤을 추고 물결 모양으로 무리를 지으면서 꽃과 나무, 바다, 모래, 풀과 서로 조화를 이룬다.

보티첼리는 르네상스 화가 중에서 최초로 고대 신화를 주제(「비너스의 탄생The Birth of Venus」, 「봄Primavera」)면에서는 물론이고 그 영적인 내용을 사용하기 위해 채택했다. 그의 작품에 등장하는 금발의 처녀와 여신들에게서 엿보이는 대담한 이교주의와 태평함과 쾌락주의, 대담하고 우아한 관능미(호색적이거나 육감적인 것은 전혀 아니다)는 현재와 마찬가지로 당시에도 분명 대단히 매혹적이었을 것이다. 또 보티첼리는 성모 마리아와 아기 예수도 많이 그렸는데, 개중에는 스승 필리포 리피를 능가하는 작품도 있었다. 그는 교회의 작업뿐만 아니라 비기독교적인 작품을 더 좋아했던 메디치 가문의 메디치 궁 작업에도 연속적으로 고용되었다.

그는 한때 대단히 종교적인 성향을 보이기도 했다. 도미니코회의 맹렬한 수사 지롤라모 사보나롤라G. Savonarola(1452~1498)가 세속의 허영에 반대하는 설교(처음에는 로렌초 데 메디치가 요청했었다)를 하면서 사치스러운 의상과 잡스러운 책과 성스럽지 못한 그림들을 태우라고 간청하자, 보티첼리는 자기 작품 몇 점을 직접 태웠다고 한다(문헌을 통해서만 알려진 작품 몇 점이 사라졌다는 것은 사실이다). 식스투스 4세가 시스티나 예배당을 세운 후에 예술가들을 로마로 불러 예배당 벽의 낮은 부분의 장식을 요청했을 때(1481), 보티첼리도 선택된 예술가들 중 한 사람으로 「그리스도의 시험 The Temptation of Christ」과 「모세의 생애Life of Moses」를 그렸지만 대단한 성공작은 아니었다. 이교주의가 그의 강점이었고 신화가 그의 영감이었지만, 예술가들 모두가 무엇이 자신에게 최선인지를 항상 알고 있는 것은 아니다.

15세기 후반에 바쁘게 움직이던 피렌체에는 천재가 자라나는 곳이었지만, 피에로 디 코시모Piero di Cosimo(1462~1521)처럼 독자적인 길을 따라간 이들도 있었다. 그는 동물을 그리는 것을 좋아했고 자연에 대한 묘사가 뛰어났으며, 신화를 독자적으로 대담하게 해석하여 묘사하는 데 전문이었다. 그는 피렌체 화가치고는 드물게 풍경화를 좋아했고, 그의 기이한 「프로크리스의 죽음Death of Procris」(런던 국립 박물관)의 황량한 강어귀와 위엄 있는 개(그리고 다른 생물체들), 귀가 긴 파우니faunus[6] 등은 그의 작품세계의 집념을 잘 보여 준다.

그는 화려한 표상이나 그 외 공식 행사를 위한 장구를 도안하면서 생계를 꾸려 나갔지만 본질적으로 고독을 좋아했다. 그리고 자립할 기반이 마련되자 곧 후견인 코시모 로셀리의 분주한 작업장을 떠났다. 바사리에 따르면 그는 은둔자였고, 아교를 준비하는 동안 계란을 50개씩 삶아 양식으로 삼았다고 한다. 그는 아이들의 울음소리와 교회 음악, 늙은이의 기침 소리, 파리 소리 등을 소름끼치도록 싫어했다. 그러한 그가 바르톨로메오 수사Fra Bartolomeo(1472~1517)와 안드레아 델 사르토Andrea del Sarto (1486~1530), 자코포 다 폰토르모Jacopo da Pontormo(1494~1557) 등 여러 저명한 화가들을 가르치고 영감을 주기도 하였다.

피렌체 예술은 주로 대형 작업장을 중심으로 이루어졌는데, 그 가운데서도 안토니오와 동생 피에로 델 폴라이우올로Piero del Pollaiuolo(1441~1496)가 주축이 되어 운영하던 폴라이우올로 가문의 작업장이 유명하다. 금세공인으로 수련을 쌓은 안토니오는 이 기능을 잘 이용하여, 뛰어난 청동상을 만들고 자수를 도안했으며 스테인드 글라스도 만들었다. 두 형제 모두 그림을 그렸고, 함께 거대한 「성 세바스티안의 순교Martyrdom of St.

---

6 반인반양의 숲의 신.

Sebastian」를 완성하기도 했다. 현재 런던 국립 박물관의 보물에 속하는 이 작품은 나체, 또는 반라의 남성을 훌륭하게 표현해 냈다. 나체에 대한 안토니오의 집착은 뛰어난 조각 「열 명의 나체의 전투The Battle of the Ten Nudes」에서 보다 극명하게 드러난다. 중세 예술가들은 지옥의 저주받은 영혼 정도나 예외에 해당되었을 뿐 대부분 나신을 기피했다.

그러나 이제 누드화는 하나의 주제가 되었고, 엄격한 데생의 전통을 지닌 피렌체 예술가들은 이를 전문으로 삼았다. 그들은 나체(남자 이외에 매춘부를 제외하면 여자 중에는 나체 모델을 하려는 사람이 드물었다)를 보면서 그림을 그렸고 안토니오는 해부학까지 연구했다. 이는 르네상스 시대의 정확하고 과학적인 지식에 대한 열정을 표현한 방식이기도 했다.

폴라이우올로와 같은 대규모 작업장에서는 정기적으로 모델을 고용했고 또 팔과 발, 몸통 등의 석고본을 해부학적으로 만들어 필요에 따라 빠르게 복사할 수 있도록 준비해 두었다. 폴라이우올로 형제는 주로 드로잉과 조각을 많이 했으며, 예식용 장비와 마상대회의 깃발도 제작했다. 특히 피에로는 패널에 유화를 그리는 실험을 통해 이를 토스카나의 표본 매체로 만드는 데 중요한 역할을 했다.

기를란다요 일가와 도메니코, 다비드 등도 대규모의 작업장을 운영했다. 이들은 피혁과 피륙, 태피스트리, 그 외 장식적인 부드러운 자재를 이용하여 작업하는 능숙한 장인 출신으로 아들과 사위 등 직계 식구들을 많이 고용했다. 도메니코는 조직적인 사업가였다. 그는 로마 시스티나 예배당의 아래쪽 프레스코화 작업도 했지만, 주로 최고의 예술적인 물건을 만들어 냈다. 그는 피렌체인보다는 보통 베네치아인들이 뛰어난 솜씨를 발휘하던 모자이크화에도 뛰어났다.

피렌체의 산타마리아노벨라 교회에 그린 프레스코화 연작물은 특히 그 영구성으로 유명하다. 도메니코는 프레스코화를 극도로 진지하게 채택하여 매우 전문적인 솜씨로 그려냈고, 그 결과 그의 창작물들은 강한 생존력을 보여주었다. 또 그가 진정한 향토색을 아름답게 표현한 드로잉을 통해 우리는 피렌체의 예술가-장인이 그림을 어떻게 구성했는지를 정확하게 알 수 있다. 가장 광범위한 의미에서 그는 피렌체 예술의 세밀한 전문성의 결정체이다.

그는 언제나 새로운 매체와 기법을 실험하면서 다양한 화법을 개발하기 위해 노력했다. 기름과 템페라 물감을 다양하게 혼합했고, 붓끝이나 초크, 펜, 잉크, 금속의 끝을 드로잉에 이용하여 흰색을 강조하고 준비된 리넨에 붓으로 드로잉 하기도 했다. 바사리에 의하면 도메니코의 작업장에는 미켈란젤로를 위시하여 여러 예술가들이 수련했다고 한다. 미켈란젤로의 초기 드로잉에는 그 스승의 기법이 강하게 반영되어 있다.

(이미 언급한 대로) 베로키오의 작업장이 가장 유명했다. 이곳은 사상의 발전소이자 여러 매체를 다양한 기법으로 실현한 눈부신 온상이었다. 베로키오는 만능 장인이었고, 특히 인물 조각상과 청동상에 뛰어났다. 그의 제자로는 레오나르도 다 빈치가 제일 유명한데, 그는 이곳에서 몇 년간 머무르면서 스승에게서뿐만 아니라 다른 뛰어난 제자들로부터 많은 것을 배웠다. 그의 수련 과정을 보면 그가 특별히 다양한 주제에 흥미를

가졌던 이유를 알 수 있다. 그렇다고 해서 피렌체의 작업장에 대해 지나칠 만큼 고상한 생각을 가질 필요는 없다. 작업장은 일종의 벤처 사업이었고, 주요 목적도 수익성이 좋은 일을 따내 이득을 보면서 작업을 수행해 내고, 경쟁에서 이기거나 경쟁자들을 물리치는 것이었다.

피렌체는 예술뿐 아니라 돈에 대해서도 관심이 많았다. 지도층의 피렌체 장인들은 이 두 가지 목적을 서로 희생시키지 않으면서 추구하는 데 뛰어난 재능을 발휘했다. 베로키오는 자신의 작업장에서 장인들에게 어떠한 결점도 없어야 한다고 강조했고, 효율적인 결과를 위해 모든 수단이 동원되었다. 예컨대 베로키오의 「토비아스와 천사Tobias and the Angel」(현재 영국 국립 박물관 소장)는 매우 인기가 있었던 주제에 대한 폴라이우올로 형제의 경쟁적인 작업에 맞서 본을 보여주는 작품이다. 그들의 그림은 매우 유쾌하고, 르네상스의 신선함과 즐거움을 이보다 더 잘 표현한 작품도 없겠지만 대단히 상업적이다. 베로키오가 주요 등장 인물인 천사만 직접 그리고 나머지 토비아스는 젊은 레오나르도에게 맡긴 것으로 추정된다. 레오나르도는 네 개의 손을 모두 그리면서 그 중 왼손 두 개는 화실의 석고상(오른쪽 손은 다소 의심스럽다)에서 본떠 똑같이 그렸다. 이 작품은 대단히 우수한 작품이지만, 15세기 피렌체에서는 계산소에서 도매 피륙상을 거쳐 자수와 채색 신발 가게, 다목적인 예술 작업장에 이르기까지 모두 신흥 부자의 (때로는) 천박한 취미에 영합하는 동시에 현재 존경받는 천재적인 작품도 만들어 냈다는 점을 기억해야 할 것이다.

베로키오가 조직적인 인물이었던 반면 레오나르도는 그렇지 않았다.

그는 매우 지성적이었고 사람보다는 사상에 더 관심이 많았다. 부유한 토스카나 공증인 가문 출신이었으나 사생아로 태어난 그는 대가족의 조부모 밑에서 자랐다. 그가 받은 교육에 대해 잘 알려진 바는 없지만 분명 광범위한 교육을 받았을 것이며, 베로키오의 작업장에서 생계를 꾸려 나갈 수 있을 정도로 제대로 된 수련을 받았을 것이다.

레오나르도의 재능이 엄청났다는 점은 당시에나 그 후에나 아무도 의심하지 않았다. 그는 전인이고 르네상스의 추구 정신과 가능한 모든 면에서 탁월하고자 했던 욕망의 결정체였다. 그가 나이가 들었을 때 사람들은 그를 경외했다. 그는 현자이자 마술사이고 천재였다. 그렇지만 동업을 하거나 고용을 하기에는 쉬운 상대가 아니었다. 그에게는 약점이 두 가지 있었는데 중요한 것이었다.

레오나르도는 눈에 보이는 세계의 모든 면에 관심이 있었다. 그는 초기에 토스카나 경치를 뛰어나게 드로잉 했고, 자연의 다양성, 그 중에서도 온갖 형상과 분위기를 갖고 있는 인간의 몸에 매료되었다. 그는 인체를 현상으로서만 관심을 갖고 과학적으로 떨어진 위치에서 인체를 보았다. 그에게는 온화함이 많지 않았다. 사실 그가 24살이던 1476년에 남색으로 기소된 사건을 보면 그에게 동성애의 성향이 있었을지도 모른다. 그렇지만 이 사건은 그가 비자연적인 악덕을 행했다는 것을 반드시 함축하고 있는 것은 아니다(고발자는 익명이었고 아무런 결과를 얻지 못했다).

더욱이 르네상스의 인문주의자-예술가에 어울릴 정도로 인체에 대한 그의 관심이 유별난 것이기는 했지만, 그의 다른 관심 영역(날씨, 파도, 동식물, 경치, 온갖 종류의 기계류, 특히 전쟁 무기와 요새 등이 그의 필기장에 잘 설명되어 있으며 정교한 드로잉으로도 전해진다) 또한 대단히 광범위해서 자기의 시간과 정력을 여러 곳에 분산시킬 수밖에 없었다. 그가 어디에 우선권을 두었는지는 분명하지 않다. 「모나리자Mona Lisa」 같은 이젤화나 밀라노의 「최후의 만찬Last Supper」 같은 벽화, 아니면 난공불락의 요새의 설계 중에서 어떤 것을 가장 하고 싶어했는지 혹은 해볼 만한 가치가 있다고 생각했는지 아무도 단언할 수 없다.

또한 그는 관심 분야가 너무 많았기 때문에 한 주제에 대해 완전히 집중하지 못했다. 반면 그의 젊은 동년배 미켈란젤로에게는 이런 집중력이 있었다. 이미 언급한 대로, 미켈란젤로는 때때로 일을 완성하지 않았다. 그보다 더 극단적이던 레오나르도는 제대로 수련을 받지 못한 산만한 박학자의 전형이다. 1478년경 여전히 베로키오의 작업장에서 일하고 있을 당시 그는 시뇨리아 궁 근처 예배당의 제단화를 맡아 달라는 부탁을 개인적으로 받았다. 그렇지만 그는 아예 일을 시작하지 않거나 심각하게 받아들이지 않았던 것으로 보이며, 결국 그 일을 수습하기 위해 필리포 리피가 나서야만 했다.

아무리 단순한 드로잉이라도 레오나르도의 작품을 본 사람이라면 누구나 그를 찬미했고 최고의 후원자들의 부름을 끊임없이 받았다. 피렌체의 지도층에서부터 밀라노의 스포르차 가문, 교황 레오 10세와 루이 12세와 프랑스의 프랑수아 1세에 이르기까지 모두 그를 원했다. 그러나 그의 조직적이지 못한 작업 방식 때문에 일이 지나치게 지연되면서 소란과

언쟁, 금전적인 문제가 늘 불거져 나왔고, 그 결과 그의 빛나는 이력은 만신창이가 되었다. 또 그는 해주기로 약속한 일을 연속해서 해내지 못하기도 했다. 그는 일부 예술가들과는 달리 전혀 나태하지 않았고, 그렇다고 진저리 날 정도로 완벽주의자도 아니었다. 그렇지만 최종적인 결과는 너무나 미약해서 현재 겨우 열 점 만이 그의 작품으로 인정된다. 그의 것으로 인정되는 나머지 세 점은 미완성이고, 다른 예술가들이 완성한 작품도 많다.

분명 그는 자신이 완성한 걸작품에서 최고의 질과 관심과 독창성을 보여 준다. 특히 「모나리자」에 대해서는 여러 의견이 있다. 그가 여러 해에 걸쳐 작업한 이 초상화에는 되는대로 일하는 그의 방식의 문제점이 그대로 드러나는데, 바로 얼굴과 손이 심할 정도로 일치하지 않는다는 사실이다. 유장하고도 분산된 역사를 지닌 「바위의 동정녀Virgins of the Rocks」(런던 국립 박물관 소장)에 대해서도 의견이 분분하다. 「성 안나와 성모자The Virgin and Child with St. Anne」(루브르 소장) 역시 찬미자와 비판자가 모두 존재한다.

그러나 유화 패널화인 「담비를 안고 있는 여인의 초상화Lady with an Ermine」(1490, 폴란드 크라쿠프 소장)는 거의 완벽한 회화 작품이다. 이 작품은 구성이 수려하고 신비로움으로 가득하다. 초상화의 주인공은 레오나르도의 후원자였던 스포르차가 총애하던 정부로 초상화에는 매력과 위엄, 실제로 장엄함과 신비함이 똑같은 비율로 표현되어 있다. 여인의 오른손이 만지고 있는 섬세한 동물은 자연에 대한 그의 끈질긴 집념을 입증하는 단호한 솜씨로 그려졌고, 레오나르도 특유의 화법으로 그려진 이 여인의 미소는 도저히 잊을 수 없을 정도로 신비하다.

이렇게 후원자가 자기가 주문한 패널화를 얻었던 경우는 매우 드물었다. 도무지 작품을 넘겨주지 않는 레오나르도의 악명에 대해 한 교황은 이렇게 말했다. "레오나르도라구? 아, 도무지 자기 일을 끝내지 않는 작자 말인가?" 이런 악명은 그의 실험에 대한 열정과 혼합되어 또 다른 재난을 만들었고 돈을 낸 사람들 또한 격분했다.

밀라노의 산타마리아델그라지에의 수도원 식당에 벽화를 그려 달라는 스포르차가의 부탁에 그는 「최후의 만찬」을 완성했다. 이 작품은 매우 독창적인 구성과 얼굴에 대한 인상적인 묘사로 극찬을 받았지만, 그가 사용한 실험적 기법 때문에 빠르게 변질되었고 다른 장면의 그림은 결코 출현하지 못했다. 밀라노와 피렌체의 의욕적인 다른 벽화들도 허사로 돌아가거나 현존하는 작품이 거의 없다.

한편 레오나르도는 밀라노 성당의 교차탑을 설계하고 거대한 청동 기마상도 만들었다. 또 무법자 장군 체사레 보르지아C. Borgia의 '건축가 겸 총기사'로 임명되어 계획중인 회화에 대해 대규모의 밑그림을 여러 장 그렸는데, 그 중 한 점이 전해진다. 그는 근력과 광학, 수력학, 분절된 비행 기계, 요새, 공성용 무기, 얼굴 표정과 인간의 관상학에 대해서도 작업했고, 그의 이런 관심은 공책이나 종이에 광범위하게 표현되어 있다.

여기에서 우리는 어쩔 수 없이 레오나르도와 콜리지S. T. Coleridge[7]를 비교

---

7 영국의 시인 겸 비평가.

라파엘로, 「성 모자와 어린 성 장 바티스트」. 레오나르도가 르네상스를 지성적으로 압도했다면, 라파엘로는 르네상스 시대의 미에 대한 추구와 그 성공을 요약한다고 볼 수 있다

하게 된다. 이들은 모두 완성된 작업을 노트로 대체한 인물들이었다. 레오나르도는 피에로 델라 프란체스카처럼 기하학에 더욱 관심을 갖게 되었다. 기하학은 그가 생을 마치는 말년 동안 가장 관심을 가졌던 주제였고, 또 거센 폭풍우 같은 극단적인 기후 조건에도 집착했다. 그가 말년을 보낸 프랑스 궁정의 프랑수아 1세는 대단히 이상적인 후원자였다. 그는 화가에게 존경을 표할 줄 알았고 관대했으며 귀찮게 굴지도 않고, 단지 이 위대한 이탈리아의 선각자를 볼 수 있다는 데 만족했다. 사실 레오나르도는 원하기만 한다면 훌륭한 일들을 해낼 수 있었고 그와의 대화는

르네상스 그 자체였다.

레오나르도는 라파엘로를 포함하여 직접적인 후계자나 동시대인에게 엄청난 영향력을 행사했다. 그 중에서도 특히 대규모의 회화를 구성하는 과정과 회화 기법면이 그러했다. 회화에 대한 광범위한 그의 글들은 17세기 중반이 되어서야 출판되었지만, '정확한' 수학적 원근법이 실제적으로 보는 것만으로는 산출되지 않으며 그 교정이 필요하다는 등의 그의 견해는 그 전부터 널리 알려졌다. 과거 그리스인들이 특별히 만곡도를 적용하던 곳에서 레오나르도는 외형선을 흐릿하게 표현하는 스푸마토 기법을 도입했고, 이 기법은 유화가 채택되면서 매우 효과적으로 이용되었다. 이런 식으로 그는 15세기의 화가(보티첼리가 대표적이다)들이 몹시 선호하던 강한 외곽선에서 한 걸음 물러났다. 그 대신 그림자 이용과 체계적인 강조법, 명암 대조법 등 16세기의 좀더 완만한 화가적 기법을 이용했다.

이런 기법은 서구 회화사에서 가장 중요하고 지속적인 혁신의 하나이다. 또 레오나르도는 검은색의 묽은 초크를 사용하고 종종 흰색으로 강조하면서 다양한 재질의 종이에 드로잉 하는 기법을 도입하여 널리 보급시켰다. 그의 뒤를 이어 수천 명의 화가들이 이 기법을 채택해서 종종 대단한 결과를 보여주었다. 레오나르도의 영향력은 진보적으로 누적되었다. 그의 영향을 받은 인쇄물이 출판되고 드로잉 작품이 유통되었으며, 그가 쓴 글도 점차 구하기 수월해졌다.

상당한 위치의 예술가들 중 그에게 영향을 받지 않은 이를 생각하기란

힘든 노릇이다. 그가 죽을 당시 그의 작품에 대한 결과가 불만족스럽기는 했지만, 어쨌든 그는 전성기 르네상스라고 알려진 시기의 창시자였다. 전성기 르네상스는 15세기와 16세기경에 고대를 복원하고 능가하려는 움직임이 최고의 결과들로 그 절정에 오르고 미래에도 최대의 충격을 준 시기를 의미한다.

레오나르도가 르네상스를 지성적으로 압도했다면, 라파엘로는 르네상스 시대의 미에 대한 추구와 그 성공을 요약한다고 볼 수 있다. 그의 생애는 짧았지만(37세에 요절) 그 결과는 크고 연속적이며 언제나 최고의 질을 보장하는 완성품들이었다. 후원자들은 라파엘로가 상냥하고 믿을 만하며 꾸준한 작업 활동으로 제 시간에 작품을 배달해 주었기 때문에 그야말로 완벽한 화가라고 보았다. 그는 조수들을 적절하게 부릴 줄 알고 그들과 후원자 모두에게 공평하게 대했으며, 대형 작업장을 효율적으로 운영했다.

그는 당시 문화의 중심지이던 우르비노에서 출생했지만 페루자에서 피에트로 바누치, 즉 페루지노 문하에서 수련을 받았다. 페루지노는 베로키오 작업장 출신이었고, 식스투스 4세로부터 시스티나 예배당의 아래쪽 벽화 장식을 위임받은 화가단에도 속했다. 감성적인 눈과 풍부한 윤곽선을 이용하여 당대의 그 누구보다도 성모와 성인을 아름답게 그렸던 페루지노는 자기의 지식을 대부분 젊은 라파엘로에게 전수해 주었다. 라파엘로가 페루지노의 결점을 모두 피한 반면 그의 확연한 힘을 흡수하여 이를 기초로 삼았다는 것에서, 우리는 그가 미학적이고 뛰어난 감수성을 가졌으며 세련된 취향의 소유자라는 것을 알 수 있다.

라파엘로의 작업은 크게 두 가지 범주로 나뉜다. 우선 그는 교황 율리우스 2세의 명령에 따라 바티칸 궁에서 대규모의 프레스코화와 장식 작업을 했다. 또 주로 성모와 아기 예수를 대상으로 헌신적으로 이젤화와 제단화 작업도 했는데, 때로는 그리 중요하지 않은 인물을 주제로 삼기도 했다. 그는 몇 점의 초상화 작업도 했는데, 특히 카스틸리오네의 초상화에서는 대가다운 솜씨를 발휘하여 이후 몇 세대에 걸쳐 초상화가들에게 그 기법에 대해 많은 것을 알려 주게 된다. 그는 브라만테의 뒤를 이어 성베드로 성당의 건축가로 임명되었고, 천재적인 장식가로 요절할 당시에는 회화에서 새로운 방향을 모색하는 중이었지만, 그의 범위는 선택적이라 하겠다.

라파엘로의 그림은 보는 것 그대로이다. 지성적이며 대규모의 그림인 「아테네 학당The School of Athens」은 아주 잘 묘사된 인물들로 구성되었고, 16세기부터 19세기 후반까지 유럽 '역사 화가'들의 길잡이가 되었다. 그 안에는 애매모호함이나 신비함, 숨겨진 의미, 이중성, 충격, 거부감, 공포, 전율 등이 전혀 없다. 대단히 훌륭하다는 얘기밖에 할 말이 없다. 숨겨진 의도나 저의 따위는 없다. 정신 분석학적인 표상도 없고, 의혹에 가득 찬 현대의 학자들이 이빨을 드러낼 근거가 없다.

다른 면에서 이런 작품은 서구 종교 예술에서 절대적인 중심 주제를 창조적으로 훌륭하게 변형했다고 하겠다. 신앙심이 돈독한 이들에게 헌신을, 그리고 미학자들에게는 환희를 준다는 원래의 의도를 그대로 수행하는 것이다. 성모 마리아는 실제적이고 살아 있는 여인인 동시에 하늘의 여왕이라는 대단한 기술로 묘사되며 되풀이되지도 않는다. 저속한 기운이 전혀 없고 언제나 엄숙하고 온화하며 헌신적인 모습에서 존경심을 일으킨다.

율리우스 2세가 라파엘로에게 로마에서 하느님의 일을 그림으로 하라고 부탁하자 라파엘로는 그 부탁을 그대로 수용했다. 그의 작품은 필사본과 인쇄물을 통해 수많은 수도원과 신학교, 사제관, 가톨릭 대학의 벽에 신앙의 장식이 되었고 이런 전통은 오늘날까지 이어진다. 이 그림들은 우리를 지겹게 만들 만큼 친근하긴 하지만 사실 지겨운 적은 단 한 번도 없었다. 이 고귀한 그림들을 면밀히 들여다보면 500년이 흐른 지금에도 과연 영구적인 예술이란 무엇인가를 생각하게 한다.

라파엘로의 예술 중에는 이 장식적인 숙련된 뛰어난 그림에는 어울리지 않는 요소가 하나 있다. 그 또한 평정심을 거부하고 초월성을 추구하는 면을 보여 준 것이다. 바티칸 프레스코화에 속하는 「보르고의 화염Fire in the Borgo」(1514)에는 공포와 무정부 상태가 표현되어 있고 군중은 기적을 고대하고 있다. 라파엘로는 초자연성을 믿었던 유물론자였고, 이런 의미에서 중세 세계와 절대적인 고지식함이 함께 사라지는 것을 아쉬워했다. 중세 화가들이라면 초자연적인 것을 표현할 능력이 있었고 실제로도 그러했다. 반면 그들은 대기의 빛과 예민한 암시성이라는 예술적 기법을 전달하지 못했다. 라파엘로는 이러한 기법을 사용할 수는 있었지만 대개 하지 않으려는 편이었다. 그가 그린 성모와 '신성한 대화'에서 성인들이 신성을 찬미하는 자세를 취한 모습은 부드럽고 당당하면서도 자연을 고수한다. 「시스티나의 성모Sistine Madonna」(현재 드레스덴 소장)에는 성모와 아기 예수가 놀랄 정도로 아름답게 묘사되어 있다. 이들은 절대적이고 실재적이면서도 이 세계에 속하지 않은 듯 보여 마치 초자연적 힘에 의해 올려지는 것처럼 땅과 하늘 사이에 떠 있다. 비전을 보여주는 이 그림은 대단한 성공작이다.

그는 최후의 걸작 「변용Transfiguration」에서도 이런 경향을 보여 준다. 그가 죽은 해인 1920년에 완성된 이 작품은 현재 바티칸 박물관에 소장되어 있다. 이 작품에서 놀란 사도들 위에 떠 있는 그리스도는 실재적으로 묘사되었지만 주변에는 빛과 공기가 가득하다. 그림 아래쪽의 혼돈의 장면에서 제자들은 귀신들린 소년을 고치려다가 실패한다. 이 작품을 본 당시의 사람들은 경악했고, 당연히 이에 대해 숙고했다. 이 그림에는 미래의 새로운 예술 세계가 예시되었고, 라파엘로의 때이른 죽음이라는 비극은 더욱 통렬했다.

전성기 르네상스의 '신적인 트리오' 레오나르도와 라파엘로, 미켈란젤로는 연령대가 다르긴 했지만 같은 시기에 활동했고 강력한 예술적인 개성으로 서로에게 영향을 미쳤을 수도 있다. 라파엘로의 뛰어난 드로잉에는 레오나르도의 영향력이 극명하게 드러난다. 그는 붉은 초크를 이용했고 여인을 그리기 위해 모델로 삼았던 소년이나 어른 남자 모델을 여자 모델로 대체했는데(미켈란젤로도 그러했다), 그 결과는 대단했다. 라파엘로는 관대했고 개방적이어서 진행중이던 작업을 동료들에게 보여주었고,

이들은 이 최고의 인물 화가의 작품을 보고 고취되었다. 이렇게 당대의 젊은 예술가들은 이들에게 매료되었다.

그러나 라파엘로와 미켈란젤로의 관계는 이와 다르다. 두 사람 모두 로마에서 작업했지만, 라파엘로가 이 동료 예술가를 질투한 적이 있다는 증거는 없다(오히려 그 반대다). 반면 미켈란젤로는 내성적이며 비밀스럽고 편협한 데가 있었다. 그 역시 로마에서 1511년부터 거주했고, 상당한 위치의 화가였던 그의 친구 세바스티아노 델 피옴보는 그에게 라파엘로에 대한 좋지 않은 이야기들을 해주곤 했다. 이 거장이 바로 그런 얘기를 좋아했기 때문이었다.

미켈란젤로가 라파엘로와의 관계에서 가장 어려웠던 점은 자기 스스로가 주로 조각가라고 생각했으며 실제로도 그러했다는 데 있다. 그는 회화 작업을 거의 해본 적이 없다가 로마에 와서 거대한 프레스코 연작화 세 점을 그렸다(시스티나 천장화, 제단 끝 벽의 「최후의 심판Last Judgement」, 사도 바울로 예배당). 그의 진정한 작품이라고 유일하게 기록된 패널화 「성 가족 Holy Family」(현재 우피치 미술관 소장)은 힘있는 작품이며, 라파엘로의 성모와는 상당히 다르지만 분명히 그에 대한 경쟁작으로 보인다. 그 수가 드물긴 하지만 다른 작품에 대해서도 논쟁거리와 미스터리가 있다.

그의 드로잉은 아주 많으며 장엄한 경우가 많다. 시스티나 천장은 프레스코화의 본질적인 어려움과 그림이 그려질 범위 및 그 불편한 위치와 높이를 감안하면 무엇보다도 육체적인 고통이 많았던 작품이다. 이 작품을 완성하는 데 긴 휴지기간과 여러 번의 짧은 휴지기간을 포함하여 총

4년이 걸렸다. 그렇기 때문에 그림은 단순하면서도 조야하게 빠르게 그려졌다.

사실 이 작품은 아래에서 위로 올려다보기 위한 것이지 근접한 컬러 사진은 아니다. 성경의 모험 이야기와 웃고 있는 여자 예언자, 수염이 난 선지자들로 이루어진 이 거대한 그림을 올려다보면, 일어서서 걷는 개에 비유한 존슨 박사의 묘사가 딱 맞는다는 생각이 든다. '잘한 것은 아니지만 어쨌든 다 된 것을 보면 놀라게 된다.'

율리우스 2세가 처음 미켈란젤로에게 천장화를 부탁했을 때, 그가 계획했던 것은 이보다 훨씬 더 단순했고 아마도 좀더 적절했을 것이다. 그러나 이 화가는 교황의 생각이 '빈약'하고, 자신이 아름다운 인물을 그려내기에는 충분하지 않다는 점을 밝혔다. 결국 그는 직접 웅장하고 복잡한 계획안을 구상하였다. 그는 정력적으로 두 번이나 시도하여 이를 완성했는데, 두 번째가 훨씬 더 성공적이었다. 모두들 이 작품을 좋아했거나 아니면 좋아한다고 말했는데, 이는 오늘날까지 이어지는 관습적인 승인의 표지이다(최근 복원된 후 더 좋아졌는지에 대해서는 의견이 분분하다).

그때나 그 이후에나 예술가들은 이를 찬미했고, 무엇보다 자신이 그렇게 끔찍하고 어려운 일을 하지 않아도 된다는 것에 안도했으며, 미켈란젤로처럼 대단한 인물이 이 일을 떠맡아 작업한 것에 기뻐했다. 여기에는 미켈란젤로의 장엄성이 모두 살아 있고 영웅적인 역사화에 새로운 기준을 대단한 방식으로 세웠다. 이것은 유럽 예술에서 중요한 사건이었다. 이성적으로 무엇을 더 바라겠는가?

「최후의 심판」은 다른 문제이다. 이 작품은 하나의 수직 벽을 거대한 캔버스로 삼아 하나의 주제를 주요 계획으로 세운 너무나 합리적인 작품이다. 미사에 참석한 추기경 등은 긴 예배 도중에 시선을 위로 향하면, 몸 부림치는 인체의 피라미드가 벽을 올라가거나 떨어져 내리는 것을 목격하게 된다. 매우 두려운 그림이다. 색채는 당연히 어둡고 침울하다. 이 걸작은 인간의 형상, 아니 남자의 몸에 대한 저주인 동시에 신격화를 이룬다. 미켈란젤로는 결단력과 힘으로 작업하면서 작품에 강력한 역동성을 부여했으며 심지어는 불길한 영광까지 안겨 준다. 이 작품은 사진으로 판단할 수 있는 수준이 아니다. 직접 보고 자세히 살펴보는 노력이 뒤따라야 하는데, 언제나 몰려드는 군중 사이에서는 결코 쉬운 일이 아니다.

일반적으로 「최후의 심판」을 본 사람들은 자신이 죽으면 무슨 일이 일어날지에 대해 진지하게 생각하게 되고, 그 미래에 대한 미켈란젤로의 생각을 인정하지 않더라도 적어도 사후에 대해 더 생각해 볼 것이다. 그가 이루고자 했던 효과가 바로 이것이며, 이런 점에서 이 작품은 성공했다고 할 수 있다. 이와 대조적으로 성바울로 성당의 큰 프레스코화인 「성 바울로의 개종The Conversion of St.Paul」과 「성 베드로의 십자가형The Crucifixion of St.Peter」에는 여러 가지 미스터리가 있지만, 그래도 더 이상 자신을 입증할 필요가 없고 그저 자신의 막대한 연금을 정당화하려는 늙은이의 일상적인 노력에 불과하다.

이 대단한 계획들은 어디에서나 약점이라고 일컬을 수 있는 작가 스스로 부여한 한계가 드러난다. 미켈란젤로보다 더 인간의 몸에 관심을 기울인 자도 없었고, 또 인간이 서 있는 땅에 그렇게 무관심한 자도 없었다. 그는 자신의 인물들이 놓일 위치에 관심을 보인 적이 전혀 없다. 레오나르도는 모든 자연 현상에 매혹되어 사실주의와 꿈의 세계를 배경으로 삼았고, 라파엘로는 그의 축복받은 성모 뒤편으로 매혹적인 16세기 초의 이탈리아를 살짝 보여주었던 반면, 미켈란젤로는 풍경을 경멸하여 그리기를 거부했다. 이런 제한적인 의미에서 그는 르네상스 예술가의 정수를 보여 준다.

예술은 인간에 대한 것일 뿐 그 어느 것도 아니다. 그렇지만 이런 주장에는 무언가 결핍된 것이 있다. 시스티나 천장에서 하느님은 태양과 달을 기하학적 추상화인 둥근 덩어리로 창조한다. 「최후의 심판」에서 축복받은 이들은 허공으로 솟아오르고, 저주받은 이들은 말 그대로 진공 속으로 들어간다. 대단히 장식적인 이런 구성은 창공에 존재하는 인간들의 작은 삽화로 복잡하게 얽혀 있다. 이런 것도 하나의 관점이겠지만 우리 모두가 쉽게 공유할 성질은 아니다. 존슨 박사는 밀튼의 「실락원Paradise Lost」에 대해 이보다 '더 길어지기를 바라는 이는 아무도 없다'고 말했는데, 미켈란젤로의 시스티나 성당에 대해서도 '더 커지기를 바라는 이는 아무도 없다'고 말할 만하겠다. 꿈틀대는 근육의 양이 너무나 압도적이어서 그냥 지나치고 싶을 따름이다.

그렇지만 어디로? 미켈란젤로는 1560년대 중반까지 살았고, 르네상스도 그와 공존했다. 그의 영광스러운 시대가 지난 지금에도 우리에게 할 말이 남아 있을까? 물론이다. 그것도 할 말이 상당히 많은데, 특히 두 가지 면을 강조하고 싶다. 미켈란젤로는 인간의 실제 몸을 보고 자연에 충실하게 인간의 형상을 그렸다는 점에서 사실주의자이다. 반면 그는 인간의 형상을 최상의 원숙한 상태에서 그려내 거의 신격화에 이를 정도로 이상화하기를 원했다. 인간이 하느님의 형상에 따라 만들어졌다는 단언이 그에게는 상징적인 이치가 아니라 단순한 사실이었다.

다른 화가들의 인간관은 달랐다. 이들은 시각적인 인식의 바다에 자신도 기여하겠다는 권리를 강력히 주장했다. 안드레아 델 사르토의 피렌체 작업장 출신인 자코포 다 폰토르모는 이상적인 것보다는 규범적인 것을 그리도록 수련받았다. 그러나 그의 인간관은 남달랐다. 각 사람들의 독특한 얼굴과 표정이 그에게는 규범이 되었던 것이다. 이런 상황이 그의 신화 작업에는 크게 방해되지 않았고 오히려 즐거울 수 있었다.

그가 포지오 아 카이아노의 메디치가 별장의 거대한 거실의 채광창 둘레에 그린 프레스코화 「베르툼누스와 포모나Vertumnus and Pomona」는 르네상스의 가장 행복한 여흥을 제공해 주는 동시에 자세히 관찰해 보면 시사하는 바가 많음을 알 수 있다. 하지만 그가 그려낸 신성한 장면을 기존의 작품과 비교해 보면 그 결과는 걱정스러울 정도다. 그의 작품 「방문Visitation」(피렌체의 산티시마 안눈치아타 소재)에서 3명의 성스러운 여인이 소용돌이치듯 하나로 밀접하게 연결되어 있는 이미지 역시 지워지지 않는다. 「십자가에서 내려지는 그리스도The Deposition」(피렌체 산타펠리치타 교회 소장) 또한 문제가 있다. 그리스도의 얼굴은 온유하고 슬픔이 가득한 아름답고 감동적인 그림인 반면 색채는 찬란하지만 (그는 미켈란젤로의 시스티나 성당의 색채를 사용하여 빛나게 만들었다) 자연스럽지 못하다. 폰토르모의 인물들은 자리를 잡고 있지 않다. 그들의 눈은 움푹 꺼져 있고 수직 형태의 타원형이다. 이들은 실제적인 인물이 아니라 폰토르모의 상상 속의 인물이다.

안드레아 작업장의 동료이던 로소 피오렌티노도 자신만의 다른 세계에 들어가려는 욕망을 보여 준다. 그의 거대한 유화 패널화 「십자가에서 내려지는 그리스도The Deposition」(볼테라)는 환상적인 구도에서 섬세하게 고안되고 부드럽게 그려졌지만 실제와는 전혀 관계가 없다. 배경은 추상적이고 얼굴은 기묘하다. 폰토르모의 작품과 상당한 차이를 보이는데 특히 몸이 매우 유별나다. 이것이야말로 로소가 사물을 보는 방식, 즉 그의 마니에라maniera이다. 미켈란젤로의 지나치게 활동적인 힘과 라파엘로의 자기 확신적인 평정성에 대한 이 나른하고 기이한 반응은 다른 맥락(즉 19세기)에서는 데카당스라고 불릴 만하다. 예술 전문학자들은 이를 매너리즘이라 부르는데 이 용어는 어느 누구도 정의할 수 없는 혼란스러운 표지이다.

이 화가들 중에서 폰토르모는 특히 독특했다. 그는 거의 은둔자라 불릴 정도로 폐쇄적이었다. 그는 사다리로만 올라갈 수 있는 작업실을 이층에 마련하여 음식과 물을 저장한 후에 사다리는 끌어올렸다. 그가 가장 총애하던 제자 아뇰로 브론치노A. Bronzino(1503~1572)조차 때로는 들어갈 수 없었고, 인사를 해도 아무런 반응이 없을 때도 있었다. 스승보다 좀 더 '정상적'이던 이 제자는 후에 적어도 피렌체에서는 당대의 가장 성공적인 화가 반열에 오르게 된다.

브론치노는 메디치 공작들의 궁정 화가로서 30년간 상류 사회의 초상화를 그렸다. 데생 솜씨가 뛰어나고 마무리는 놀랄 정도로 투명하고 명료했으며, 모델의 의상도 화려했지만 인물의 피부색은 가볍고 차가웠다. 그는 시간과 물감으로 얼굴을 동결시켜 그 인물들이 빙하시대를 거쳐 우리를 응시하게 한다. 종교개혁과 초기 종교전쟁의 폐해와도 일치하는 당대의 부는 경직되고 비인간적이며, 갑옷 차림에 피 한 방울 흐르지 않을 것처럼 보인다. 그렇기에 이를 있는 그대로 표현한 예술은 인기가 좋을 수밖에 없었다. 이제 브론치노는 다시 한 번 인기를 얻고 있다.

더욱이 그에게는 다른 면도 있었다. 런던 국립 박물관에 소장된 유화 「비너스, 큐피드, 우둔함과 시간Venus, Cupid, Folly and Time」은 작품의 의도나 말하고자 하는 바와 상관없이(여기에는 예술사가들의 논란이 분분하고, 브론치노는 그림을 그리는 도중에 계획을 근본적으로 수정했다고 한다), 르네상스를 통틀어 가장 호기심을 자극하는 선정적이면서도 사랑스러운 작품이다. 뜨거운 피가 그 분홍빛 팔 다리로 흐르고, 그림의 어느 곳에서나 외설로 가득하다. 프랑스에 잘 보이려던 메디치 가문이 호색적이던 프랑수아 1세에게 이 그림을 준 것도 놀라운 일은 아니다.

이 당시에 성애의 표현에 대한 수요가 점차 커졌기 때문에, 매너리즘의 여러 화가들도 성애를 다룬 그림을 그리지 않았을까 의심스럽다. 적어도 지롤라모 프란체스코 마리아 마촐라Girolamo Francesco Maria Mazzola, 즉 파르미자니노Parmigianino(1503~1540)는 분명했다. 그는 성애 행위를 포함하여 일상적인 장면을 담은 드로잉을 많이 그렸는데 그 가운데는 현존하는 것도 있다. 그의 종교화는 냉랭하게 보이거나 심지어 냉랭하면서도 감상적으로 보인다. 그러나 현재 비엔나에 소장된 걸작 「큐피드Cupid」는 외설적이며, 남녀 모두에게 흥미를 불러일으키도록 의도된 그림이다.

파르미자니노는 젊은 나이에 죽은 거장이기 때문에, 만약 그가 더 오래 살았더라면 그의 놀라운 재능을 얼마만큼 발휘했을지에 대해서는 알 수 없다. 어쩌면 아무 결과도 얻지 못했을지 모른다. 그의 최후의 주요 작품이자 가장 유명한 「성모와 아기 예수Virgin and Child」는 아름다운 여자 천사들에게 둘러싸여 있다. 아기 예수는 길게 늘여진 네발 달린 동물처럼 보이고, 성모의 머리는 그녀의 어깨와 너무 떨어져 있어서 이 유화 패널화(우피치)는 언제나 「긴 목의 성모The Madonna of the Long Neck」라고 불린다.

파르미자니노는 그의 태어난 마을 이름을 따서 코레조Correggio라 불리던 위대한 안토니오 알레그리A. Allegri(1489~1534)에게 가장 큰 영향을 받은 파르마에서 원숙기를 맞았다. 코레조의 작업은 미래를 바라보는 것이기 때문에, 16세기 초의 도상학적 표현에는 적합하지 않았다. 그에 대해 알려진 바가 거의 없기 때문에(바사리는 그가 인색하고 독선적이며 헌신의 두려운 삶을 살았다고 말한다) 그가 의도한 바가 무엇인지 알 수 없다. 한때 그는 레오나르도와 미켈란젤로, 라파엘로, 티치아노와 함께 르네상스의 5대 거인으로 손꼽혔다. 현재 그의 위치는 불안정하지만 다시 한 번 부상하고 있다.

매너리즘 화가가 아닌 그는 자연의 실제 인물을 그렸다. 그는 독자적이고 독창적이었다. 실행될 수 없거나 아마도 그럴 가치가 없다고 여겨져 과거에는 아무도 생각하지 않았던 그런 방식을 택했다. 그는 여인의 나신을 특별한 기술로 우아하게 그려냈고, 르네상스인으로 당연하게 신화에 대한 광범위한 관심을 이용하여 여인의 나신을 흥미로운 상황에서 표현했다. 「이오Io」(현재 빈 소장)에서 솜털 같은 구름으로 나타나는 주피터에게 유혹되는 여인은 무아경에 빠져 있다. 그 상황에서 최대한 훌륭하게 표현된 이 작품을 선정적이라고 매도하려면 상당한 상상력이 필요하다. 그리고 아마도 이것이 코레조의 의도였을 것이다.

그는 파르마의 산파올로 수도원의 일부를 정교한 우산 모양의 둥근 천장으로 장식했는데, 반원형의 고전적인 조각상들 위로 분주한 푸토putto[8]들이 엿보인다. 이 작품은 대단히 독창적이고 정교하게 완성되어 다음 세대의 예술가들에게 18세기가 어떠했는지를 바로 보게 해준다. 학식을 뽐내던 지성적인 대수녀원장 조반나 다 피아첸차가 이를 위탁했다는 점에서 수녀의 집에는 어울리지 않는 이유가 설명된다.

코레조는 대단히 양심적이고 성실했으며 재능과 기술도 뛰어나서 후에 파르마 성당의 돔 지붕과 후진, 성가대석의 프레스코화의 작업을 맡게 되었다. 그는 돔 지붕 벽화로 「성모 승천Assumption of the Virgin」을 선택하여 보조적인 사도들과 구름의 층과 수백 명의 인물들이 성모를 위로 올리는 장면을 대단히 세밀하게 완성했다. 미켈란젤로마저도 위압했을 이 대단한 작업은 일층에서 천장을 볼 수 있도록 의도되었고, 코레조는 여러 영역의 환각 기법을 도입하고, 특별한 원근법을 사용하여 원하는 시각 효

---

8 큐피드 등 발가벗은 어린아이 상像.

과를 이루어 냈다. 기술상의 독창성과 기발함이 압도적인 이 도상을 본 후대 화가들이 이에 감탄하여 모방하고자 했다. 이 작품을 본 사람들은 깜짝 놀라 믿지 못하는 지경이 되거나 몹시 즐거워하기도 했지만, 이 작품이 처음 모습을 드러내자 한 성당 신부는 '개구리 다리 요리'처럼 보인다고 말했다. 이보다는 그의 제단화와 그와 유사한 작품들의 명암 효과가 좀더 일반적으로 수용되어 코레조의 후계자들에 의해 광범위하게 모방된다.

예컨대 「양치기의 경배Adoration of the Shepherds」(드레스덴)에서 빛의 매우 강력한 원천은 바로 아기 그리스도로 구현된다. 이 작품은 대단한 기술로 이루어졌을 뿐만 아니라 아직도 강한 인상을 주기 때문에, 당시 1530년대 초에는 엄청난 반향을 일으켰을 것으로 보인다. 그렇지만 그림의 왼쪽 꼭대기에 떠다니는 천체의 구름은 어색하고 일관성이 없을 뿐만 아니라 불필요하다. 코레조의 마술이 때로는 부조리의 벼랑에서 흔들리고 그가 그렇게 열정적으로 작업한 캔버스가 어린 학생들까지 웃게 만들기도 했다는 사실은 우울하다.

조르조네에게는 이런 부적절한 우스꽝스러움은 없었다. 그의 가장 유명한 유화 캔버스화 「폭풍」(베네치아 아카데미아 소장)에서는 거의 벌거벗은 아름다운 여인이 아이에게 젖을 먹이고 있고, 한 병사가 이를 쳐다보고 있는데 이런 내용은 굉장히 독특하고 기이할 정도이다. 바이런은 이 그림을 가장 좋아했지만, 그 의미에 대해서는 끝없는 추측이 난무할 뿐 결론은 아직도 나지 않았다. 사실 조르조네는 위대한 거장이지만 그에

조르조네, 「세 명의 철학자」. 초기 전문가들은 대부분 조르조네를 '근대' 베네치아 학파의 창시자로 보았다. 인간 특히 여인의 육체를 동시대의 미켈란젤로의 근육성과는 전혀 다르게 그려낸다.

관한 기록이 거의 없는 편인데, 이 작품은 그의 것으로 확인된 네 점 가운데 하나이다. 그 외 그림으로는 침울하고 사색적인 소녀의 초상화 「라우라Laura」(빈 소장), 경이적일 정도로 건방진 「한 남자의 초상화Portrait of a Young Man」(샌디에고 소장), 빈에 소장된 「화살을 든 소년Boy with an Arrow」이 있다. 이외에도 여섯 점의 작품이 그의 것이라고 여겨진다. 여기에는 (아마도) 여성 누드화의 최고라 할 수 있는 「잠자는 비너스Sleeping Venus」(드레스덴 소장)와 신비한 작품인 「세 명의 철학자Three Philosophers」(빈)가 있다. 관능적인 나신의 두 여인이 옷을 입은 두 음악가와 함께 숲이 우거진 배경에서 즐겁게 모여 있는 「전원의 축제Fête Champêtre」(루브르)는 티치아노의 작품으로도 추정되지만, 두 사람 모두의 작품이라고 여겨진다. 조르조네가 33살의 나이에 갑자기 페스트로 죽자 당시 그가 진행하고 있던 일들은 티치아노나 (아마도 당시 그의 작업장에서 일했을) 세바스티아노 델 피옴보에 의해 완성되었다.

조르조네에 대해 알려진 바가 거의 없고 한때 그의 작품이라고 여겨지던 66점 중에서 근대 비평의 확인을 받은 작품이 얼마 되지 않기 때문에, 예술사에서의 그의 공헌을 평가하기란 매우 어려운 일이다. 그러나 그의 역할은 분명히 중요했고, 초기 전문가들은 대부분 그를 '근대'(즉 벨리니 이후) 베네치아 학파의 창시자로 보았다. 주제에 대한 유별난 범위와 독창성, 뛰어난 색채 감각, 그림을 구성하는 놀라운 방식, 인간 특히 여인의 육체를 동시대의 미켈란젤로의 근육성과는 전혀 다르게 그려내는 등의 특성으로 그는 개척자로서 이름을 날리게 된다. 그는 조반니 벨리니의 문하는 물론이고, 그의 동업자 빈첸초 카테나v. Catena(1475~1531)의 문하에서도 작업한 것으로 보인다.

벨리니가 그에게 전수한 풍경에 대한 열정은 「폭풍」에 스며들고 「세 명의 철학자」를 거의 지배한다. 여기에서 나무와 바위는 자연 그대로 놀라운 기술로 표현되어 구성의 본질적인 한 부분을 차지하고 있다. 그는 직접적인 주제를 다룰 때에도 수수께끼를 만들어 냈다. 그는 템페라 물감으로 패널화 「성 조지와 성 프란시스와 왕좌에 오른 동정녀The Virgin Enthroned with St. George and St. Francis」를 카스텔프란코의 제단화로 만들었다. 작품의 등장 인물 중 그녀는 왜 20피트나 되는 거대한 돌과 나무 구조에 떠밀려 꼭대기까지 올라가고, 2명의 성인은 알프레스코 대리석 마루의 전경을 지배하는가? 여인과 그녀를 따라다니는 풍경은 아름답게 그려져 있어 거의 별개의 그림처럼 보인다. 뒤편의 배경에는 거대한 그림자를 던지는 사악한 남자가 있다. 그가 그림에 설정한 수수께끼에는 목적이 없고, 단지 즐거운 추측을 안겨 줄 따름이다.

조르조네가 없었다면 분명 티치아노도 없었을 것이다. 그는 자신의 베네치아 유산을 열심히 이어 나가면서 긴 생애 내내 열심히 일했고, 여러 분야(역사, 종교 예술, 초상화, 신화, 상징)에서 두각을 나타내 이탈리아는 물론 16세기 중엽 유럽 회화를 지배하게 된다. 그는 이탈리아 후원인(베네치아의 본거지에서)들은 물론이고, 황제 카를 5세와 그의 아들인 스페인의 펠리페Felipe 2세를 위해 일하면서 최초로 유럽 예술을 하나로 통합하여 이를 전체로서 바라보게 해주었다. 특히 그의 초기 작업은 16세기 초 이탈리아 르네상스 예술의 개요이다.

이런 개요 기운은 「바쿠스와 아리아드네Bacchus and Ariadne」(런던 국립 박물관)에 아름답게 표현되어 있다. 이 작품은 티치아노가 페라라 공작인 알퐁소 에스테 성의 작은 방을 위해 제작한 세 작품 중 하나이다. 공작은 이 방에 당대의 손꼽히는 화가들의 작품을 원했지만, 이런저런 이유로 라파엘로와 바르톨로메오 수사, 미켈란젤로는 참여하지 못했다. 그래서 티치아노는 이들의 사상과 자신이 조르조네에게서 배운 것을 세 점의 그림(캔버스 유화)에 통합해 냈다.

「바쿠스」는 놀랄 정도로 생생하고 완성도가 높은 작품이다. 활기에 넘치는 인물들과 다양한 행동, 매혹적인 어린 사티로스, 개, 표범, 뱀, 풍부한 색채의 의상, 멋진 나무, 섬세하게 표현된 풍경, 눈부신 하늘은 니콜라 푸생N. Poussin 등의 후기 화가들이 지나치게 사용하면서 진부한 표현으로 전락하게 된다. 그러나 당대에는 마술적인 다양성과 균형 감각, 통일성이 전체적으로 교묘하게 구성된 새롭고 참신한 작품이었다. 르네상스가 완전히 무르익어 안정감과 자기 확신이 넘치고, 세부적으로는 황홀하고 중심적인 추진력은 강력하게 표출되었다. 이 작품과 그 외 유사한 작품들은 그 후 두 세기에 걸쳐 최고의 화가들이 자신을 재는 기준이 된다.

또 티치아노는 초상화의 척도도 세웠다. 그는 르네상스 시대의 전형적인 두상과 어깨(종종 옆얼굴) 중심에서 벗어나 반신상, 4분의 3상, 심지어는 전신상까지 범위를 확장했다. 그는 얼굴을 모든 각도에서 그렸고, 가능한 가장 화려한 의상을 강하고 따뜻한 색채로 그려냈다. 말을 탄 카를 5세의 초상화가 대단한 성공을 거두면서 이는 보나파르트 시대까지 하나의 유행으로 자리를 잡게 된다. 교황 파울루스 3세의 초상화에는 책략과 경건성, 근엄성이 모두 녹아 있다. 그는 수십 명의 아름다운 여인을 나신이나 옷을 입은 모습으로 그려 관능성과 육감성, 때로는 지성을 강조했다. 그의 초상화를 본 부자와 권력자, 유명 인사들은 경외심을 느끼면서 그의 모델이 되고 싶어 줄을 섰고, 다른 화가들은 그와 경쟁하며 그림을 그리고 싶어 화실로 달려갔다.

티치아노의 화법, 특히 붓질을 보면, 비록 그의 드로잉이 남아 있지는 않아도 그가 젊은 시절 드로잉을 잘했다는 것을 알 수 있다. 그는 희미하게 밑그림만 그린 후 예비 단계의 스케치는 대개 생략하고 직접 화폭에 그림을 그렸다. 이런 방식은 피렌체인들이 최고로 여기던 일반적인 관행과는 반대가 되는 것이다. 피렌체인들은 일단 선과 밑그림을 구성한 후 기존 색조 구성에 따라 물감을 칠해야 한다고 보았다. 티치아노는 실제 세계가 선이 아니라 형태로 이루어졌으며, 색채는 형태의 일부이고 형태에 속해 있다고 주장할지도 모르겠다.

그는 형태를 선이 아닌 색채로 풀어 나가면서 즉흥성과 급작스런 심리 변화를 허용했다. 이런 식으로 거장 화가의 천재성은 해방되었고, 어떤 면에서는 유화 물감의 채택만큼이나 대단한 변화를 일으켰다. 그 후 대부분의 화가가 이런 방식을 받아들였는데, 이 방식은 남용되기 쉬웠고 실제로 티치아노도 나이가 들어가면서 남용의 기미를 분명히 보였다. 그는 밑그림을 전혀 그리지 않았고, 몇 겹의 물감을 칠하면서 그림을 구성했다. 그의 붓질은 점차 두터워지고 조야해졌으며 붓은 물론이고 손가락도 이용했다. 그가 이루어 낸 효과는 눈부신 경우도 있었지만, 대부분은 조르조네의 시대로 되돌아갔으면 하는 희망을 불러일으켰다.

베네치아 르네상스 회화의 황금기가 끝나가면서 자코포 로부스티 Jacopo Robusti, 즉 틴토레토Tintoretto(1518~1594)가 티치아노의 업적에 종지부를 찍었다. 지방 화가 가문 출신인 그는 거의 평생을 시에서 작업하면서 총독 궁을 비롯하여 주요 공공건물을 장식하거나 거대한 캔버스를 채웠다. 틴토레토의 작품 결과는 방대했다. 예컨대 「최후의 만찬Last Suppers」이 최소 여덟 점이 있는데 개중에는 기념비적인 규모도 있다. 그는 티치아노의 방식을 더욱 발전시켜 빠른 붓놀림의 프레스테차prestezza 기법을 개발하여 얼굴과 대상을 자세하게 그리기보다는 그 인상을 표현했다. 그의 그림은 주로 자세히 들여다보는 그림이 아니라 멀리에서 보여지도록 구성되었다. 물론 대부분의 사람들, 특히 후원인들은 멀리에서 관찰하다가 가까이 와서 그 솜씨를 찬찬히 들여다보기를 원했다.

16세기 베네치아인들은 틴토레토의 작품을 미완성으로 평가한 경우가 많았다. 그들은 그가 더 작업하기를 원했지만 그는 거부했다. 결국 그들은 베로나 출신의 화가 파올로 칼리아리P. Caliari, 즉 파올로 베로네세P. Veronese(1528~1588)에게 관심을 돌렸다. 그 역시 대규모의 작업을 했지만 그는 좀더 섬세하고 부드러운 효과를 창출해 냈고, 베네치아 상류 사회가 사랑하던 사치스러운 배경과 화려한 의상을 도입했다.

틴토레토는 가난한 일생으로 삶을 마쳤으므로 그의 미망인은 당국에 도움을 요청해야만 했다. 그러나 전성기 때 그는 티치아노가 절대로 시도하지 못했던 놀라운 효과를 이룩했다. 그가 안장된 산타마리아델오르토 교구 교회의 「최후의 심판Last Judgement」은 여러 면에서 시스티나 예배당의 미켈란젤로의 작품보다 훨씬 더 인상적이다. 이 작품은 가장 극적인 양식으로 표현된 세계의 종말이며, 이 연구를 끝낼 만한 시점이기도 하다. 그로부터 몇 년 후에 카라바조Caravaggio의 새롭고 극적인 사실주의 시대가 도래하면서 르네상스에 마지막으로 남은 이파리들을 사방으로 날려 버렸다.

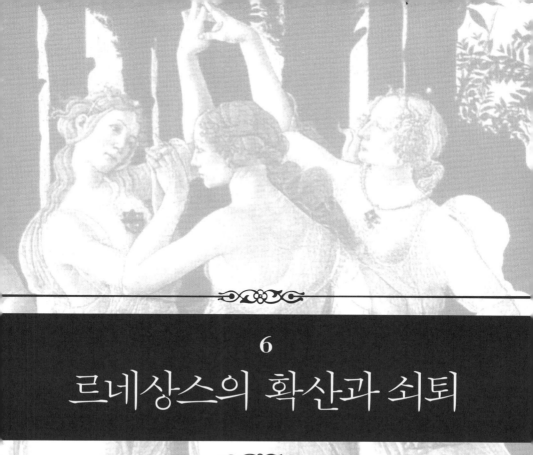

6

르네상스의 확산과 쇠퇴

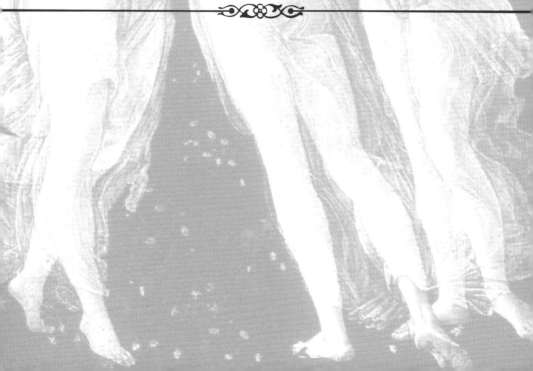

　이탈리아 내에서도 르네상스의 사상과 형식이 처음에는 천천히 확산되었으므로 그 외 지역은 말할 것도 없었다. 북부 국가의 사람들에게는 지성적으로나 시각적으로 소위(사실 '소위'라는 용어가 그들에게는 불필요했다. 고딕은 그저 정상적인 상태이지 어떤 특정 용어가 아니기 때문이다) '고딕식'이 대단히 만족스러웠기 때문에 좀처럼 쇠퇴할 기미가 보이지 않았다. 14세기와 15세기에 북부 유럽, 특히 부르고뉴 지방과 북유럽 국가, 프랑스, 독일 남부에서는 회화와 조각, 건축이 격조 높게 발전했고, 얀 반 에이크의 위대한 패널화와 림뷔르흐 형제의 멋진 작품인 「베리 공작의 고귀한 성무일과Très Riches Heures du duc de Berry」 그리고 높은 성당과 화려한 성은 절정에 이르렀다.

　영국에서는 후기 고딕 양식을 자체적으로 개발한 최신의 수직식 건축양식이 16세기 초반에도 여전히 우세했다. 이 시대는 유럽 역사에서도 가

알브레히트 뒤러, 「자화상」. 뒤러는 르네상스의 진정한 시각을 얻은 인물이었다. 뒤러는 화가들 중에서도 유별나게 생각이 많고 명확했다.

장 창조적인 시기였음에도 모든 것이 '구식'으로 이루어졌다. 세련되고 향상되고 좀더 장식적이며 정교했지만 그래도 중세 예술이었다. 북부의 학자들이 잘 복원된 그리스와 로마의 텍스트를 정신없이 섭렵했던 반면 북부 예술가들은 아직도 고대의 예술을 모델로 삼으려 하지 않았다.

북부인 중에서 당시 이탈리아 예술의 진행 과정을 최초로 진지하게 적용한 사람은 바로 알브레히트 뒤러이다. 뉘른베르크 금세공인의 아들인 그는 화가이자 세공인으로 활동하다가 인쇄물을 통해 이탈리아의 사상에 대해 알게 되었다. 그는 1494년 23살의 나이에 베네치아를 향해 천천히 남쪽으로 여행을 떠났다. 여행 도중 일련의 수채 물감 작업을 통해 남부의 빛과 색채, 올리브 나무 과수원과 기이한 건축물에 대한 놀라움을 표현하기도 했다(그가 귀국길에 완성한 아르코 그림은 유럽 최초의 수채 풍경화의 걸작이다). 이탈리아에서 많은 것을 배운 그는 1505년부터 1507년까지 다시 이탈리아에 머물렀다. 후에 그는 이탈리아에 대한 인상을 이론적인 글로 풀어냈는데, 특히 「측정에 관한 논문Treatise on Measurement」이 대표적이다.

그에 따르면 독일에는 신진 화가가 많았다고 한다. 이 '유능한 소년들'은 단순히 거장에게 떠맡겨져 그대로 따라하라는 지시만 받았다. '그들은 합리적인 원칙 없이 그저 배우면서 오래된 관행만 따르게 된다. 결국 그들은 가지치기를 하지 않은 나무처럼 거칠게 자라게 된다.' 반면 그는 이탈리아에서 예술에서의 수학의 중요성을 배웠다고 말한다. 정확하게 인체의 모든 부위를 측정하고 과학적으로 원근법을 적용하면 제대로 그려진 몸이 실질적으로 자리를 잡을 수 있는 것이다. 또 그는 플리니우스의 글을 통해서 고대의 거장들(아펠레스Apelles와 프로토게네스Protogenes, 피디아스Phidias, 프락시텔레스Praxiteles 등)이 회화와 조각의 기술을 과학적으로 체계 있게 연구했으며, 그 기술에 대한 책도 저술했다는 것을 알게 되었다고 말한다.

그러나 이런 것들은 사라졌고 이와 함께 소위 '예술의 이성적인 기본'도 사라졌다. 그 결과 '예술은 150년 전에 (이탈리아에서) 다시 조명을 받게 될 때까지 절멸된 상태였다.' 신중함과 결단력이 있었던 뒤러는 자신의 기술과 지식은 부족하지만, 이탈리아 바깥의 사람들에게 예술이 어떤 식으로 수행되어야 하는지에 대해 보여주겠노라고 말했다. 또한 비평가들에게는 '자신의 현재 작업의 실수'를 비판해달라고 부탁했다. 그러면 자신은 '미래의 진실을 밝히는 이유'가 될 터이기 때문이다.

뒤러는 르네상스의 진정한 시각을 얻은 인물이었다. 그는 중세 예술을 잘못된 것이라며 거부했고, 고대 예술의 유물에 대해 연구하고 이론적으로는 텍스트를 읽으면서 고대 예술에 대해 알아볼 필요가 있다고 보았다. 또 인간의 형상에 대해 관심을 집중하여 과학적인 연구로 이를 정확하게 표현하고 원근법도 습득해야 한다고 주장했다.

실제로 이탈리아의 예술적인 기준이 북부 예술에 미친 영향에 대한 뒤러의 이야기를 강조할 필요가 있다. 최근의 역사학자들은 알프스 남부와 북부의 예술적 상호 작용은 양 방향으로 진행되었고, 여전히 중세에 머물던 북부인들이 이탈리아의 사상을 단순히 흡수한 것은 아니라고 제안하는 경향이 있다. 1997년 워싱턴 국립 박물관의 중요한 로렌초 로토 전시회와 1998년 뉴욕 메트로폴리탄 박물관의 네덜란드의 르네상스 예술의 전시회, 1999년부터 2000년의 그라시 궁의 '르네상스 베네치아와 북부' 전시회 등이 모두 이런 메시지를 전한다. 더욱이 이 전시회의 묵직한 도록에는 북부 예술이 이탈리아 르네상스에 행사한 영향력이 상당히 상세하게 제시되어 있다.

그러나 뒤러는 500년 후에 학문적인 글을 쓴 자가 아니라 당대에 알프스 양쪽을 여행하면서 활동하던 화가였다. 그는 북부와 남부의 예술 관계에 대해 상당히 분명한 입장을 보인다. 독일 화가인 그에게 이탈리아를 방문한 일은 소위 문화 충격이라 부를 만한 예술적인 계시였다.

뒤러는 화가들 중에서도 유별나게 생각이 많고 명확했다. 그는 이탈리아 르네상스를 통해 자신이 어떻게 변모했는가를 구체적으로 보여주기 때문에, 우리는 그의 작품에서 르네상스의 영향력을 추적해 볼 수 있다. 다른 점에서도 그렇지만 그는 특이한 인물이었다. 그와 동년배이던 마티스 그뤼네발트M. Grünewald(1470년경~1528)는 자신의 이젠하임 제단화(1515)에 새로운 원근법과 '과학적으로' 인간의 형상을 그리는 방식이 어떤 식으로 영향을 주었는지 전혀 언급하지 않았지만 영향을 준 것은 확실하다. 알브레히트 알트도르퍼A. Altdorfer(1480년경~1538)는 이탈리아에서 부활한 고대 신화를 개인적으로 화려하게 이용하면서도 자기 목적에 대해서는 아무런 말도 하지 않았다. 그렇지만 예술 작품이 직접 그 의도를 드러내는 경우도 있다.

1506년 뒤러가 이탈리아를 두 번째로 방문했을 때 루카스 크라나흐 엘더Lucas Cranach the Elder(1472~1553)는 제단 3부작인 「성 카타리나의 순교The Martyrdom of St. Catherine」를 그리고 있었다. 라임 나무에 유화로 그려진 이 그림은 현재 드레스덴에 소장되어 있다. 중세 화가들에게 가장 인기 있던 성인 카타리나는 4세기 알렉산드리아의 고귀한 가문 출신이었다. 그녀는 황제 막센티우스Maxentius의 청혼을 거부했고, 50명의 이교도를 상대로 기독교의 장점에 대한 논쟁에서 승리를 거두었지만, 결국 수레바퀴 아래에서 산화될 운명에 처하게 된다. 그러나 신의 불벼락을 맞은 것은 수레와 수많은 이교도들이었다. 결국 그들은 용감한 이 여인의 목을 벤다.

크라나흐는 이 환상적인 이야기와 매혹적인 사실주의를 호사스럽게 혼합했다. 우선 번개가 번쩍이는 위협적인 독일 하늘이 이 그림의 기본 배경이 된다. 중앙 패널의 왼쪽 꼭대기에는 비텐베르크가 상세하게 묘사되어 있고, 시의 고위층(교수, 신학자, 귀족)들은 카타리나를 둘러싼 군중들 사이에서 그녀의 유창한 연설에 감화되어 개종하는 중이다. 위대한 인문주의자 슈바르첸베르크는 타고 있던 말에서 떨어지고, 현자 프레데릭은 당황한 것으로 보인다. 사랑스럽게 묘사된 친구들과 후원자들은 대재앙 속으로 빨려 들어가지만 영혼은 구원되었고 몸만 파괴되려 한다.

색채는 가볍고 신선하며 매혹적이고, 꽃과 나무, 양치류, 이국적인 풀이 만발하다. 그 한가운데에는 아름다운 카타리나가 전혀 낙담하지 않은 표정으로 경건하게 무릎을 꿇고 자신의 죽음을 기다리며 처벌받지 않을 것을 확신한다. 그녀는 그리스도의 신부로서 가장 좋은 옷을 입었다. 진홍 벨벳의 근사한 겉옷에는 화려한 황금 장식이 수놓아져 있고 손목에는 섬세한 브뤼셀 레이스가 달려 있다. 가슴에는 루비와 진주가, 어깨에는 황금 목걸이가 걸려 있으며, 붉은 머리채는 정성스레 손질되었다.

칼을 꺼내 드는 처형자의 기술도 우아하기 그지없다. 그의 준수한 황금빛 얼굴은 왕의 고문인 페핑거의 얼굴이다. 이 인물은 키가 크고 호리호리한 몸매에 최신 유행에 따라 분방하게 옷을 입었다. 검은색, 붉은색, 흰색, 금색의 실크 리본은 무릎 바로 아래에 달려 있는 줄무늬 반바지에 꽃수로 놓여 있고 트임이 긴 황금색 실크 재킷을 입고 있다. 그의 시종 역시 세련된 옷차림이다. 측면 패널에는 왕의 아들 존 프레데릭을 모델로 삼은 매혹적인 소년이 아름다운 성인들인 성 도로시와 성 아그네스 그리고 성 쿠니군드에게 꽃을 나누어 주고 있다. 맞은편 패널에는 마찬가지로 관능적인 세 여인 성 바바라와 성 우술라, 성 마거릿이 코부르크 성의 보호 아래 길들여진 용과 함께 등장한다. 크라나흐의 이 걸작품은 선정적인 주제에도 불구하고 기쁨과 신성함을 내뿜는다.

이 작품은 어울리지 않을 듯한 중세 북부의 가치관과 남부의 전율을 느끼게 하는 새로운 기운을 상당히 만족스럽게 혼합하고 있다. 르네상스를 발견한 독일이 부르는 행복의 찬가이다. 그렇지만 만약 르네상스 전성기 때 로마에서 이 작품이 완성되었다면, 세련된 감각의 이탈리아인들은 크게 웃었을 것이고, 미켈란젤로라면 '이성이나 진정한 예술, 균형, 대칭 등의 감각 없이 외부적인 정확성'만 지킨 작품이라고 무시했을 것이다. 한 세대가 지난 후에 바사리는 「예술가들의 생애Lives of the Artists」에서 바로 이런 견해를 반영한다.

뒤러를 제외한 북부인들이 대개 르네상스의 확산에 대해 침묵을 지켰던 것처럼, 르네상스를 알프스 북쪽으로 전파한 이탈리아인들 역시 이에 대해 거의 언급하지 않았다. 피렌체 출신의 조각가 피에트로 토리지아노 P. Torrigiano(1475~1528)는 웨스트민스터 수도원에 헨리 8세 부모의 묘소 조각상을 만들기 위해 1511년부터 1518년까지 영국에 머물렀지만, 이 방문에 대해 아무런 기록도 남기지 않았다. (바사리를 통해) 그가 미켈란젤로와 싸우다가 미켈란젤로의 코를 부러뜨렸다는 사실은 알려져 있지만, 그가 어떻게 르네상스 조각을 런던에 들여왔는지에 대해서는 알려진 바가 없다. 레오나르도가 프랑스에서 보낸 생활은 기록이 잘된 편이지만, 그가 르네상스를 어떻게 들여왔는지에 대한 설명은 없다. 로소 피오렌티노나 프란체스코 프리마티초 역시 프랑수아 1세를 위해 퐁텐블로의 거대한 회랑을 장식했지만 아무 기록도 남기지 않았다.

무엇보다 인쇄술과 화약의 발명과 그 보급은 대단한 것이었다. 유럽에서 인쇄업이 놀랄 정도로 빠르게 확산된 것에 대해서는 이미 언급한 바 있다. 인쇄업과 함께 비교적 저렴한 판화가 도입되면서 인간의 형태와 원근법, 고전 신화의 즐거움에 대한 이탈리아의 개념이 유럽 사회, 특히 장인과 예술가의 작업장에 전파되었다. 16세기 초 이후 도자기와 은식기류, 정교한 금세공 작품과 태피스트리, 실크, 사치스러운 피륙, 심지어는 가구에 이르기까지 유럽 전역에서 르네상스의 시각 기법과 양식을 찾아볼 수 있게 되었다.

한편 화약으로 원거리 전쟁이 가능해지자 군대의 뒤를 이어 간섭하기 좋아하는 군주들이 몰려왔다. 프랑스는 1490년대 중반부터 이탈리아를 유린하고 약탈한 동시에 많은 것을 배우고 습득했다. 그 후 등장한 독일 황제군은 반도를 수직으로 행군하면서 공작령과 공국들을 함락하는 동시에 새로운 문물에 눈을 뜨기도 했다. 좀더 강력해지고 자금도 많아진 국가들은 자기 미화에 돈을 아끼지 않았다. 외국의 군주들은 모든 예술 중에서 가장 눈에 띄는 건축을 이용하여 이탈리아 르네상스의 형식과 장식적인 특징으로 자신의 명성을 고양시켰다.

1490년대부터 1550년대까지 빠르게 힘을 키워 나간 프랑스 국왕은 전

샹보르 성. 프랑수아 1세는 여러 곳에서 들여온 르네상스의 개념을 정교하면서도 거
대한 규모로 루아르 강을 따라 프랑스의 성-궁전에 옮겨 놓았다. 특히 샹보르는 유럽
에서 가장 뛰어난 건물이 되었다.

쟁은 물론이고 건축에도 그 힘을 이용했다. 모든 시대에 걸쳐 가장 사치
스러운 건축 공사를 행했던 프랑수아 1세는 여러 곳에서 들여온 르네상
스의 개념을 정교하면서도 거대한 규모로 루아르 강을 따라 프랑스의
성-궁전에 옮겨 놓았다. 특히 샹보르는 유럽에서 가장 뛰어난 건물이 되
었다. 이런 궁전에 아름다운 것들을 가득 장식하기 위해 건축가들의 뒤
를 이어 장식가와 화가, 가구 제작자와 양탄자 상인들도 오게 된다.

합스부르크 가문의 부상 역시 르네상스를 퍼뜨리는 데 주요하게 작용
했다. 오스트리아와 네덜란드의 통치자이며 독일 황제인 동시에 스페인
과 그 속국의 국왕인 카를 5세는 거의 세계 지도자나 마찬가지였고, 또
대단한 예술 후원자였다. 그는 예술에는 국경이 없으며 유럽은 문화적
공동체라 보고 온갖 예술가들을 도처에서 불러들여 일할 수 있도록 하였

다. 1492년 무어족이 추방된 후 스페인으로부터 사들인 그라나다의 오래된 무어 궁전에서 그는 어울리지 않는 고전 건물과 주랑이 딸린 원형 광장을 세워 자신이 주인임을 보여주고, 이탈리아 르네상스의 도장을 확실히 낙인찍으려 했다. 이후에는 마드리드 외곽의 에스코리알 궁에 거대한 복합체를 건축하여 르네상스 이탈리아에서 수입된 개념들을 극적인 스페인 형식으로 변형시켰다.

이탈리아의 사상은 유럽 중부와 동부도 관통했는데, 16세기 훨씬 이전에 이미 그 영향력이 미친 경우도 있었다. 예컨대 르네상스식의 건물이 이탈리아 외부에서 처음으로 등장한 곳은 바로 헝가리였다. 헝가리의 마티야슈 코르비누스Màtyàs Corvinus(재위 1458~1490) 왕은 전사이자 정복자인 동시에 고대 예술에 심취한 인물이었다. 로마 제국을 영감으로 삼은 그는 이탈리아인들에게 그 양상을 재창조하라고 요청했다.

1467년 그는 '아리스토텔레스'라 불리던 로돌포 피오라반티R. Fioravanti를 불러들였다. 그는 알베르티와 함께 바티칸의 오벨리스크를 작업했었고 '무거운 물건을 옮기는 기술'이 있었다고 한다. 공학 기사에 군사 건축가이던 그는 헝가리 수도인 부다에 다리를 설계했다. 코르비누스는 폴라이우올로에게 왕좌실의 커튼을 디자인하게 했으며, 카라도소Caradosso에게는 에스테르곰 성당에 황금 제단화를, 그리고 필리포 리피에게는 두 개의 아름다운 패널화를 위탁했다고 바사리는 전한다. 코르비누스 사후에도 여러 이탈리아의 장인-예술가들이 헝가리에서 활동했다. 에스테르곰 성당의 바코츠 예배당(1506년부터 건축됨)은 이탈리아 외부에서 가장 눈부신 전성기의 르네상스 건축 양식을 보여 준다.

고향을 떠난 이탈리아 예술가들은 적응력이 뛰어나서 외국의 특징들을 르네상스 모델로 채택하여 일을 잘 수행했다. 1474년 부다에서 러시아로 옮긴 피오라반티는 크렘린 내부의 도르미티온 성당 작업을 시작했다. 과거 지방 장인들이 이 성당을 건축하려다 실패한 적이 있었는데, 피오라반티는 석공의 수준기와 컴퍼스 및 드로잉 도구를 만들어 예술은 물론 우월한 기술력을 바탕으로(벽을 채우는 데 모래와 자갈 대신 벽돌과 시멘트를 이용하고 현대의 채석 기법과 합장 기중기도 동원했다) 1479년 완공했다. 한 세대 후에는 또 다른 이탈리아인 알레시오 노비Alessio Novi가 성 대천사 미카일 교회를 크렘린 궁 안에 세웠다(1505~1509).

폴란드의 야기엘로니안Jagiellonian 왕조 역시 이탈리아인을 불러들여 국내 예술가들에게 르네상스 양식을 수련시켰다. 크라코프의 바벨 성과 얀 올브라흐트Jan Olbracht(1459~1501)의 찬란한 르네상스 양식의 묘는 프란체스코 피오렌티노와 스타니슬라스 슈토스S. Stoss의 공동 작업이다. 또 그로부터 얼마 후에 완성된 성의 거대한 궁정은 프란체스코가 지방의 '베네딕트'라는 장인과 함께 작업한 결과이다. 이런 건축물들은 르네상스가 초기에 유럽의 중동부에 스며든 것을 보여주는 여러 예의 일부에 지나지 않으며, 최근 연구에 그 예가 많이 수집되었다.*

1520년대 말 르네상스의 사상과 예술 형식은 유럽 대부분의 지역에서

---

* Thomas DaCosta Kaufmann, *Court, Cloister and City : The Art and Culture of Central Europe*, 1450~1800(University of Chicago Press, 1995), chapter I .

재창조되거나 채택되었고 심지어는 신세계에까지 퍼져 갔다. 전성기의 티치아노는 단순히 이탈리아 예술가가 아니라 유럽 예술가였다. 이미 본대로 1500년경 문학 인문주의는 전 유럽적인 운동이 되었고, 인문주의자의 서책이 미치는 곳이면 르네상스 예술이 곧 그 뒤를 이었다. 그러나 역사상 르네상스는 내부적 조정이 있었던 것은 물론이고 외부적 사건에 의해서도 영향을 받았다.

엄밀한 의미에서 14세기와 15세기의 이탈리아는 전혀 평온한 상황이 아니어서 지역 패권을 위해 주요 도시들이 주기적으로 파괴적인 전투를 벌였다. 그렇지만 대외적으로는 비교적 방해를 받지 않았다. 이탈리아 독립 시기에 도시 생활이 번창하고 성장하면서 르네상스도 자리를 잡게 되었다. 그러나 1494년 9월 밀라노 공작의 요청으로 프랑스의 샤를 8세가 나폴리 왕국을 정복하기 위해 군대를 이끌고 이탈리아에 침입하면서 이탈리아의 정치적 독립은 종지부를 찍었다. 그 후 이탈리아는 프랑스 발루아 왕조와 독일의 합스부르크 왕조라는 게걸스러운 외국 개들에 의해 분열되었고, 1559년에는 카토-캉브레지Cateau-Cambrésis 평화 조약이 맺어졌다. 당시 전투는 주기적으로 진행되었기 때문에 이탈리아 전역에 영향을 미치지는 않았다. 그렇지만 대포를 대단위로 이용하는 그 규모가 이탈리아로서는 상당히 생경했고, 결과적으로 시 주변에 값비싼 성벽과 요새를 구축해야 했다.

샤를 8세의 원정은 피렌체에 직접적으로 영향을 미쳤다. 메디치가는 도주했고 피사는 샤를에 의해 피렌체에서 '해방'되었다. 샤를은 피렌체로 개선했다가 곧 나폴리로 향했으나 실패했다. 그의 침입은 소란을 야기했고 지롤라모 사보나롤라의 우상 파괴적인 사명과 부적절한 재판, 화형 등과 같은 사건이 터졌다. 피렌체는 여전히 위대한 예술가와 예술을 배출해 냈지만, '즐겁고 확신에 찬 아침이 다시는 오지 못했다.' 역사적인 관점에서 보면, 피렌체의 르네상스는 프랑스가 침입하기 25년 전에 이미 정상에 올라 진실로 예술가를 위한 도시가 되었다고 할 수 있다.*

이제 예술 활동의 중심지는 로마로 옮겨 갔다. 율리우스 2세와 그의 메디치 출신의 후계자 레오 10세를 위시하여 일련의 관대한 교황들이 예술을 후원했다. 당대는 라파엘로와 미켈란젤로의 위대한 로마 시대였다. 그러나 프랑스 국왕들이 계속해서 이탈리아로 침입해 왔고, 점차 커져 가던 스페인과 독일은 젊은 황제 카를 5세에게 의지했다. 1525년 파비아 전투에서 결정적으로 패배한 프랑수아 1세는 죄수로 투옥되었다. 이제 독일이 이탈리아의 주인이 되었고 2년 후에 카를의 용병 군대는 그의 의지와는 다르게 로마를 약탈했다. 이 사건으로 전성기 르네상스는 끝났고 반세기 동안 로마의 문화적 풍토는 원상회복되지 못했다.

전쟁이 일어날 것이라는 소문이나 (심지어) 도시가 점령되었다고 해서 반드시 예술가의 활동이 중단되는 것은 아니다. 사실 격동의 시기에 예술가들이 중요한 일을 위임받아 잘 수행한 경우도 많다. 하지만 계속되는 외국의 침입으로 이탈리아는 자존심을 잃었고, 침입 기간에 대부분의

---

* Patricia Lee Rubin and Alison Wright, *Renaissance Florence : The Art of the 1470s* (London : National Gallery Co., 1999).

지방들이 피폐화되었기 때문에 결국 불가피한 결과가 초래될 수밖에 없었다. 로마의 약탈 이후 이탈리아의 대표적인 예술가들이 베네치아에 몰려든 것은 당연한 일이었다.

당시 베네치아는 외국의 침입에 맞서 반강제적인 도시 연합체에 가담하기는 했지만 직접적인 공격은 피할 수 있었다. 그렇지만 세기 중반 무렵 프랑스와 독일, 네덜란드, 스페인과 심지어는 영국까지도 문화적인 자신감을 얻기 시작하면서 한때 이탈리아가 휘둘렀던 예술의 절대적인 주도권은 사라졌다. 이탈리아 르네상스의 사상이 유럽 전역에 빠르게 확산되던 시기에 그 원천의 불기운은 오히려 시들어 가고 있었다.

종교적 요인도 점차 증대되었다. 어떤 면에서 중세 유럽 국가는 전체주의 사회였고 가톨릭 교회의 학문적·정신적인 지도에 대한 경쟁 세력 따위는 없었다. 그리고 도시 세력은 무력으로 이단을 억누르는 데 사용되었다. 이론적으로 교회는 문화 행위의 모든 측면을 통제하고자 했지만, 실제적으로는 놀랄 정도로 자유롭거나 혼수 상태에 빠져 있었다. 그 결과 예술가들은 시각적이거나 장식적인 도상을 거의 제어받지 않고 실행할 수 있었다. 누드화는 여론에 의해 완전히 승인되지는 않았지만, 성경의 인준을 받지 못한 민간 전승에 불과한 여러 기독교 신화와 기적적인 사건들이 확산되었다. 무엇이나 잘 믿어 주는 대중에서 시작된 이런 것들은 예술가들에게 놀라운 주제를 제공해 주었다.

중세가 끝나갈 무렵 이 환상적이고 마술적인 이야기들은 상징주의와 알레고리가 서로 섞이면서 기이한 상상력으로 승화했다. 여기에는 히에

로니무스 보스 H. Bosch(1450년경~1516)의 작품이 대표적이라 할 수 있다. 그렇지만 당시 보스의 매력은 현재의 우리가 느끼는 것과는 다르다는 점을 명심해야 한다. 나소의 앙리 3세는 보스의 「지상의 즐거움의 정원Garden of Earthly Delights」이 교훈적이기는 하지만 그와 손님들에게는 '이상하고' 재미있었기 때문에 비싸지 않은 가격에 구입했다고 한다.*

르네상스 화가들은 이러한 자유나 방종에서 큰 혜택을 받았다. 물론 그들은 성직자 후원인들의 상세한 지시나 변덕에 좌우되었는데, 현존하는 여러 계약서에서 입증되었듯이 이들은 상당히 까다로운 편이었다. 그렇지만 예술가들에게 무엇을 하라거나 하지 말라는 식의 중앙 통제는 없었다. 교황들은 피우스Pius 2세(재위 1458~1464)처럼 스스로가 인문주의자이거나 1472년 선출된 식스투스 4세에서 1523년 선출된 클레멘스 7세에 이르기까지 대체적으로 르네상스의 목적에 공감하는 편이었다. 르네상스가 비기독교 고대의 예술과 지성적인 미덕을 기념하고 이를 근대 문명 생활에 적용시킨 점을 감안하면, 그 인내의 정도에 주목할 만하다. 로마 가톨릭 교회의 수장이 이교도의 신화 장면을 허용하는 것은 물론이고 그런 작품을 돈을 내가면서 위임하는 상황이 당연시되었고, 사보나롤라처럼 몇몇 무모한 자들만이 이에 문제를 제기했다. 그러므로 그의 운명은 르네상스 가치가 승리한 증거라고 여겨지지만, 과연 보티첼리도 그런 식으로 보았는지는 의심스럽다.

교회가 이렇게 관대했던 데에는 절대적인 통일성과 우월성이 한몫 했

---

* E. H. *Gombrich, Gombrich on the Renaissance*, vol. III (London : Phaidon Press, 1993), pp. 79ff 참조.

다. 그러나 이런 특질들이 사라지거나 도전을 받게 되면서 종교의 모든 종파에서 새로운 기운이 부상하기 시작했다. 1520년대에 영향을 주기 시작한 종교개혁의 근원은 복잡하지만, 르네상스가 그 역할을 담당한 것은 분명하다. 인문주의자들 사이에서는 비평 정신이 가장 특징을 이루었다. 그들은 이상적인 과거를 추구하면서 현재의 모든 것을 열심히 들춰보았다. 그들은 잘못된 텍스트와 거짓된 문서들을 찾아내는 한편, 제도와 현실에도 비판적인 시선을 돌렸다.

지식인의 관점에서 당시 가장 중요한 제도는 교회와 로마의 통제 기구였다. 그들은 로마가 허용한 것에 좀더 초점을 맞추어 중세에 늘어난 텍스트에서 고대의 원문을 벗겨 내면서 기뻐했던 것처럼 교회의 증폭된 관습을 줄이려고 했다. 학식 있는 자들은 이런 관습에 역겨워하면서 그 기저에 깔려 있는 성령 강림과 사도 위주의 초기 교회를 찾고 싶어했다. 교회의 개혁 운동은 그 목적과 방식면에서 르네상스와 비슷했고, 이런 의미에서 가장 위대한 인문주의자 에라스무스는 후에 '종교개혁의 알을 낳았다'는 평가를 받는다.

종교개혁은 원시 기독교의 완전성에 부가된 중세의 흔적(물론 교황의 권력도 포함된다)을 제거하는 것과 관련된다. 그 결과 인문주의자와 종교개혁가의 목적이 불가피하게 혼동되었다. 인문주의자들은 중세의 통속적인 언어를 고전적인 순수한 언어로 대체하기 위해 라틴어가 쓰어지는 방식은 물론 발음에도 관여했다. 그들은 특히 그리스어가 얼마나 더 장려될 수 있는지 입증하고 싶어했고, 교회에서의 관행은 야만적이라고 무시했다.

가령 1530년경 영국에서 의혹이 많은 보수적인 성직자들은 종교개혁가, 즉 '이단자'들과 그들의 '최신 유행'이라는 그리스어 발음을 동일시했다. 음악은 문화와 종교가 갈등하는 또 다른 근원이 되었다. 다성음악과 그 외 점차 증가하는 음악적 장치 때문에 미사와 종교 음악에서 불려지는 가사의 의미가 흐려진다는 불만이 교회 내부에 만연해 있었다.

1324년 심기가 불편하던 아비뇽 교황 요한네스Johannes 22세는 '새로운 학파의 사도들'이 '전통적인 방식으로 계속 노래를 부르기보다는 스스로 방식을 생각해 내기를 선호'하는 것을 비난하는 교령을 발표했다. 그는 '이제 신의 직무는 온음표와 2분 음표로 수행되며 이런 작은 가치의 음표 때문에 모든 작곡이 고통을 받는다'고 보았다. 더욱이 '선율은 분절되고 타락'된다면서 격앙된 어조로 비난했다. 그렇지만 그의 용두사미 격인 결론은 불복종을 하면 '8일간 직무 정지'라는 처벌뿐이었다.

그러나 이런 경고나 유사한 경고에 대해서는 거의 아무도 신경을 쓰지 않았고, 종교 음악은 나날이 복잡해져 속인들로서는 이해하기 힘들 정도가 되었다. 이 점이야말로 전형적인 고딕 복합성의 증식이며, 14세기 후반부와 15세기를 주도하던 환상적이고 장식적인 건축 양식(후기 수직 건축, 플라테레스코Plateresco 등)과 정확히 상응한다고 하겠다. 이는 고대의 것들을 좋아하던 르네상스의 성정과 전혀 무관하며, 과연 르네상스 음악과 같은 현상이 있었는지조차 분명하지 않다.

1316년 프랑스의 필리프 드 비트리Philippe de Vitry(1291~1361)는 음악 기보

법의 '새로운 예술'을 도입했다. 이를 통해 기보법이 좀더 유연해졌고, 작곡가는 자신이 원하는 바를 분명하게 표현하고, 더 다양한 리듬을 도입할 수 있었다. 중세가 끝날 무렵 이탈리아 음악가들의 역할이 그다지 중요하지 않았다는 것은 분명하다. 음악은 프랑스와 북유럽, 영국에서 변화하기 시작했다. 이탈리아가 시각 예술에서 혁신가와 대가들을 국외로 수출한 반면, 음악은 수입했다는 점에 주목할 만하다.

전체 시기에서 가장 유명한 작곡가이자 창시자이던 브뤼주 출신의 아드리안 윌라르트A. Willaert(1490년경~1562)는 이탈리아에서 여러 직위에서 일하다가 1527년 베네치아 산마르코 성당의 음악 감독으로 임명되어 연봉도 200두캇ducats이나 될 정도로 뛰어올랐다. 그는 아홉 개의 미사곡을 비롯하여 종교적이고 세속적인 수많은 곡을 작곡했다. 또 산마르코 성당의 음악을 유럽 최고의 위치로 격상시켜 황제가 운영하는 단체나 영국과 프랑스 국왕, 교황, 만토바·페라라의 궁정 음악에 필적할 정도로 만들었다.

당시 이탈리아는 유럽에서 일곱 개의 최고의 음악 합주단 중 네 개의 합주단을 보유하는 영예를 얻었다. 또한 음악 기술면에서도 류트와 바이올린, 비올, 트럼펫, 목관악기와 하프시코드, 버지널virginal[1] 등의 건반악기를 개발했다. 16세기 후반의 작곡에는 네 개의 옥타브와 전체적인 반음계 영역의 악기가 필요했다.

베네치아는 처음으로 악보를 복사한(1501) 인쇄업의 중심부였다. 16세기의 인쇄소는 대규모인 경우가 많아서 500부에서 2000부의 인쇄본을

---

1 16~17세기경에 주로 사용되던 일종의 다리가 없는 하프시코드.

찍어내곤 했다. 다른 예술 분야도 마찬가지였지만, 이탈리아는 이시도루스Isidorus[2]에 대한 책을 출판(1470)하고, 플라톤과 아리스토텔레스의 음악적인 글도 출판하여 음악에서도 고대를 부활시켰다. 16세기에 클라우디우스 프톨레마이오스C. Ptolemaeos와 바쿠스Baccheus의 음악에 대한 논문 번역본이 인쇄되었고, 1562년경에는 아리스토크세노스Aristoxenos의 「화성학의 기초Elements of Harmonics」가 최초로 번역되었다. 1581년 빈첸초 갈릴레이V. Galilei는 「고대 음악과 현대 음악의 대화Dialogo della musica antica e della moderna」에서 비잔티움을 거쳐 전해진 고대 메소메데스의 그리스 찬송가 세 편을 재생했다.*

16세기에 음악 지식이 유럽 도시에 확산되고, 부르주아 시장이 개방되면서 군주 위주의 시장이 새롭게 보완되었다는 증거가 있다. 하지만 종교개혁가들은 종교는 대중적이어야 한다고 주장했다. 이는 자국어로 표현한다는 의미이며(그 자체가 르네상스의 개념이다), 라틴어로 이루어진 오래된 곡이 폐기되어야 한다는 뜻이기도 했다. 더욱이 좀더 엄격한 종교개혁가들은 요한네스 22세의 뜻에 따라 곡의 복잡성은 허용될 수 없다고 주장했다. 특히 각 음절, 심지어는 각 단어에서 한 개 이상의 음표가 사용되지 않아야 군중들이 텍스트를 이해할 수 있다는 것이 이들의 주장이었다. 미사와 그 복잡한 곡을 거부한 이들은 찬송가집처럼 단순하고 성서적인 교회 음악을 좋아했다. 이를테면 런던의 성바울로 성당 밖의

---

2 AD 560~636, 스페인의 대주교이자 백과사전 편찬자.
* 르네상스 음악에 대해서는 *The New Grove Dictionary of Music*, vol. 15와 *Music in the Age of the Renaissance* by L. L. Perkins (New York : Macmillan, 1999) 참조.

십자가 앞에서 열린 미사에 모여든 대규모의 군중은 이들이 만들어 낸 직선적이고 운율 위주의 찬송가를 큰소리로 따라 부를 수 있었다. 루터가 주동이 된 종교개혁가들도 자국어로 찬송가를 만들면서 단성음악에 맞춰 성서 내용을 강조했다.

교회 예배중에 일반적으로 자국어가 사용되면서 이런 상황은 인기를 끌었다. 특히 대다수의 시민들이 글을 깨우치고 스스로 성경을 읽게 되면서 더욱 그러했다. 1540년경 가톨릭 교회는 북부 독일과 프랑스, 영국, 스코틀랜드와 스칸디나비아의 일부를 상실하게 되었으며, 어디에서나 문화의 방어적인 위치에 몰렸다. 이에 대해 교회는 일관성 없이 다양한 방식으로 대응했다.

우선 스페인(본질적으로 정부가 종교재판을 전담했다)과 이탈리아(교황청의 관할이었다)에서 종교재판을 늘렸다. 두 번째로 예수회와 같은 새로운 교단을 만들어 각 계층의 교육을 그 주요 활동으로 삼았다. 세 번째로 금욕을 더욱 강조했다. 특히 교황청은 신화와 나신을 좋아하던 예술가를 더 이상 후원하지 않았고 남자 조각상의 음부를 가렸다. 네 번째로 가톨릭 교회 내부의 자기 개혁을 시작했다. 개혁의 형태는 여러 가지가 있었지만 그 중에서도 사제를 적절하게 훈련시키고 신학교와 대학교를 개설한 점, 그리고 밀라노의 추기경-대주교이던 위대한 카를로 보로메오c. Borromeo를 위시하여 주교단 핵심 일원이 벌인 활동이 가장 중요했다. 1545년 트렌트 총회가 소집되면서 개혁은 제도적인 양상을 띠었다. 중간의 휴지기간을 포함하여 20년간 지속된 이 총회는 결론 단계에 이르러

서야 문화적인 문제에 관심을 돌리기 시작했다.

당시 가톨릭 교회는 '구식' 음악, 즉 라틴어 텍스트와 다성음악이라면 어느 것이나 동일시되었다. 신교도 사회가 지배적이던 곳에서도 전문 음악가들은 주로 가톨릭 교도들이었는데, 이들의 생계는 위태로운 상황에 처해 있었다. 신교도이던 영국의 엘리자베스Elizabeth 여왕은 전원 가톨릭 교도로 구성된 왕립 성가대를 유지했고, 이는 진보 개혁가들, 특히 청교도적인 학문을 배운 이들의 공격 목표가 되었다. 그럼에도 여왕은 가톨릭 연주자와 작곡가를 보호하여 영국 음악을 구해 냈다.

그러나 다성음악과 이와 연관된 모든 것은 가톨릭 교회, 심지어는 로마에서도 공격을 받았다. 1549년 이탈리아의 주교 치릴로 프랑코C. Franco 는 다성음악 미사에 대해 이렇게 말했다. "한 목소리가 '거룩하시다 Sanctus'라고 말하면 다른 목소리는 '하느님Sabbaoth'이라고 말한다. 이들은 5월의 꽃이라기보다는 마치 1월의 고양이 같다." 10년 전에 자신의 성당에서 다성음악을 버리고 단선율을 선호했던 모데나 주교 조반니 모로네 G. Morone는 트렌트 총회에 교황의 특사 자격으로 참여하여 1562년에서 1563년의 교회 음악에 대한 논의를 감독했다. 로마의 산타마리아마조레의 음악 감독인 작곡가 조반니 팔레스트리나G. Palestrina(1525~1594)가 「교황 마르첼리의 미사Missa Papae Marcelli」를 작곡하여 다성음악이 알기 쉽게 조합될 수 있다는 것을 보여주고 원하던 효과를 얻었다는 유명한 이야기는 전설처럼 전해지고 있다. 이 이야기의 진위를 떠나서 트렌트 총회가 음악에 대해 파괴적인 통제 계획 없이 끝났다는 것은 사실이다.

회화는 다른 문제였다. 총회는 최후 회기에서 정전正典의 본문 중에 나오지 않는 신성한 인물들에 대한 이야기와 교회가 인정하지 않는 성인의 기적은 교회나 그 외 종교 건물에 소장될 예술 작품에 묘사되어서는 안 된다고 규정했다. 엄밀한 의미에서 이런 규정은 회고적인 것이 아니라 미래 지향적이었기 때문에 우상 파괴의 행위는 아니었다. 신교도 광신자들이 주도권을 쥐고 있는 수많은 건물에서 이미 행해진 것과 마찬가지로 그나마 남아 있던 얼마 안 되는 성상들마저 제거되었다.

이런 종류의 미래 작품은 모두 중지되었고 종교화가들은 주된 주제 하나를 강탈당했다. 이는 중세의 종말이었고, 넘쳐 나는 독창성과 미로와 같은 상상력은 단번에 폐기되었다. 기독교와 이교도의 신화가 서로 엉켜 고딕식과 르네상스 작품에서 만들어 냈던 즐거운 예술이 사라지는 사건이었다. 이 상황은 대도시에서 활동하던 거장은 물론이고 (아마도) 더 작은 도시와 마을의 비천한 예술가-장인에게도 영향을 미쳤다. 기독교 민속 전승의 백과사전이던 벽화와 진열대 및 성상들은 이제 모두 금지되었다.

트렌트 총회의 마지막 회기에서 형식화한 반종교개혁 운동의 적극적인 원리가 좀더 영향력을 행사했다. 신교도의 모국어(단순성과 엄숙성 그리고 엄격주의) 예찬에 대한 반응으로 가톨릭 교회는 방어적이고, 죄악에 고통받던 초기의 반응에서 벗어나 호화스러운 것을 강조하는 대담한 정책에 착수했다. 예수회를 선봉으로 내세운 교회와 그 외 종교 건물들은 번쩍번쩍 빛나고 향기의 구름으로 뒤덮였다. 레이스 천이 깔리고 금박은 숨막힐 정도였으며, 거대한 제단과 화려한 예복, 울려 퍼지는 오르간, 거대한 성가대, 그리고 중세의 허튼 소리는 정화되었지만 본질적으로 내용과 도량에서 승리주의자의 전례가 강조되었다. 예술가(화가, 조각가, 건축가, 교회 가구와 창문 제작자)들도 이 전열에 참가하여 민간 전승과 신화를 버리고 온갖 권력과 사실주의를 동원하여 기독교의 이야기와 교회의 역사, 순교자의 신앙과 적의 파괴에 대한 그림을 그렸다. 이제 로마는 신교도를 무시하고 청교도들이 최악이라고 말할 수 있었다. 가톨릭주의는 단순성과 원시적인 엄숙성에 대한 반응으로 부유하고 화려하고 소용돌이치는 방향으로 응답하면서 예술가들이 창조해 내는 새로운 것들을 추가할 수 있었다. 이런 정책은 그 영적인 가치와는 상관없이 적어도 남부 유럽에서 인기를 끌었고, 16세기가 끝날 무렵 가톨릭 교회는 그 동안 잃어버린 본거지를 되찾기 시작했다. 예술에 있어 반종교개혁적 접근 방식은 후에 바로크라 불리게 되는 것의 공식이 되었다. 이는 카라바조처럼 야심만만한 젊은 화가의 귀에는 음악으로 들렸지만, 오히려 르네상스로 대표되는 태도에는 진혼곡과 다름없었다.

르네상스 운동은 이미 그 힘을 잃었고, 1560년대와 1570년대에 마지막 거장 미켈란젤로와 티치아노가 죽은 것처럼 르네상스도 죽었다. 그러나 르네상스의 형식은 그 후에도 오래 지속되어 유럽 예술의 기본 방식이 되었다. 바로크와 로코코에 스며들었다가 18세기 후반의 신고전주의 시대에 다시 부상했고, 아직도 우리 곁에 있다. 여러 면에서 당대의 이상은 부유하고 풍족한 좋은 시기에 만들어진 비길 데 없는 예술 작품이며, 영구적인 유물로서 문화 유산의 일부가 되었다.

참고문헌

회화와 조각

- Jane Turner, *Grove Dictionary of Art*, 34vols., (London, 1996)

15세기와 16세기의 음악

- Stanley Sadie, *New Grove Dictionary of Music*, 20vols., (London, 1995)

일반 서적

- Bernard Berenson, *Italian Painters of the Renaissance* (Oxford, 1953)
- Black C. F. (et al.), *Cultural Atlas of the Renaissance* (New York, 1993)
- Burckhardt J., *The Civilization of the Renaissance in Italy* (first published in Germany in 1860)
- Chastel A, *History of French Art; the Renaissance*, 2vols., (London, 1973)
- Davies M. and Gordon D., *The Early Italian School before 1400* (London, 1998)
- Denis Hay, *The Italian Renaissance in its Historical Background*

(Cambridge, 1979)

- Dunkerton J. (et al.), *Giotto to Dürer : Early Renaissance Painting in the National Gallery* (London, 1991)
- Einaudi (trans.), *History of the Italian Art*, 2vols., (Cambridge, 1994)
- Emile Mäle (trans.), *Religious Art in Florence : The Late Middle Ages* (Princeton, 1986)
- Freedberg S. J. (rev. ed.), *Painting of the High Renaissance in Rome and Florence*, 2vols., (New York, 1989)
- Freedberg S. J., *Painting in Italy 1500-1600* (London, 1993)
- Gombrich, E. H., *Gombrich on the Renaissance*, 3vols., (London, 1993)
- Huse N. and Wolters W., *Art of Renaissance Venice* (New York, 1993)
- John Pope-Hennessy (ed.), *Italian High Renaissance and Baroque Sculpture* (London, 1996)
  - ——, *Essays on Italian Sculpture* (London, 1968)
  - ——, *Italian Gothic Sculpture* (London, 1955)
  - ——, *The Portrait in the Renaissance* (Oxford, 1966)
- John White, *Art and Architecture in Italy, 1250-1400* (New Haven, 1993)
  - ——, *The Birth and Rebirth of Pictorial Space* (London, 1967)
- Kenneth Clark (revised ed.), *Leonardo da Vinci* (London, 1989)
  - ——, *Leonardo Drawings at Windsor Castle*, 2vols., (Cambridge, 1935)
  - ——, *The Art of Humanism* (London, 1983)
- Lemaître A. J. and Lessing E., *Florence and the Renaissance : the Golden Age* (Berkely, 1998)
- Levy. M., *Later Italian Pictures in the Royal Collection* (Cambridge,

1991)

- Levy. M and Mandel G., *Complete Paintings of Botticelli* (London, 1985)
- Lightbown R., *Piero della Francesca* (New York, 1992)
- Panofsky E., *Renaissance and Renaissances in Western Art*, 2vols., (Stockholm, 1960)
- Paolucci A. (trans.), *The Origins of Renaissance Art : The Baptistry Doors, Florence* (New York, 1966)
- Romanini A. M (et al.), *Assisi : The Frescoes in the Basilica of St Francis* (New York, 1999)
- Rubin P. L. and Wright A., *Renaissance Florence : The Art of the 1470s* (London, 1999)
- Shearman J., *Early Italian Pictures in the Royal Collection* (Cambridge, 1983)
- Stanley Sadie, *New Grove Dictionary of Music*, 20 vols., (London, 1995)
- Welch E., *Art and Society in Italy*, 1350-1500 (Oxford, 1997)

개인과 특정 예술 분야

- Acidini Luchinat C. (ed.), *Gozzoli's Chapel of the Magi* (London, 1993)
- Avery C. and Finn D., *Giambologna* (Oxford, 1987)
- Becherer J. A. (ed.), *Piero Perugino* (New York, 1997)
- Bennett B. A. and Wilkins D. G., *Donatello* (Oxford, 1984)
- Brown D. A., *Leonardo and Venice* (Milan, 1992)
  ——, *Leonardo da Vinci : Origins of a Genius* (London, 1998)
- Cardaro M. (ed.), *Mantegna's Camera degli Sposi* (Milan, 1993)
- Cecil Gould, *Parmigianino* (London, 1995)

- Charles Hope, *Titian* (London, 1980)
- Clayton M., *Raphael and his Studio* (London, 1999)
- Colin Eisler, *Jacopo Bellini : Complete Paintings and Drawings* (New York, 1989)
- Collins L. H. and Ricketts A., *Michelangelo* (London, 1991)
- David Ekserdjian, *Correggio* (London, 1997)
- exhibition catalog, *Leonardo da Vinci : Engineer and Architect* (Montreal, 1987)
- exhibition catalog, *Michelangelo the Sculptor* (Montreal, 1992)
- F. and Borsi S. (trans.), *Paolo Ucello* (London, 1994)
- Fermor S., *Piero di Cosimo* (London, 1993)
- Fischer C., *Fra Bartolommeo* (Rotterdam, 1992)
- Goffen R., *Titian's Women* (New Haven, 1994)
    ——, *Giovanni Bellini* (New Haven, 1989)
- Hans Tietze, *Titian* (London, 1950)
- Hirst M. and Dunkerton J., *The Young Michelangelo* (London, 1994)
- Howard D., *Jacopo Sansovino : Architecture and Patronage in Renaissance Venice* (London, 1987)
- Howard Saalman, *Filippo Brunelleschi : The Buildings* (London, 1993)
- James Beck, *Jacopo della Quercia*, 2vols., (New York, 1991)
- John Pope-Hennessy, *Cellini* (New York, 1985)
- Kerytenberg G., *Orcagana's Tabernacle in Or San Michele*, Florence (New York, 1994)
- L. D. and Ettlinger H. S., *Raphael* (Oxford, 1987)
- Ludwig Goldscheider (rev. ed.), *Michelangelo : Painter, Sculptor, Architect*

(Oxford, 1986)

———, *Ghiberti* (London, 1949)

- Manici V., *Michelangelo the Painter* (New York, 1985)
- Martineau J., (ed.), *Andrea Mantegna* (London, 1992)
- Meyer J. zur Capellen, *Raphael in Florence* (London, 1996)
- Nigro S. S., *Pontormo : Drawings* (New York, 1991)

  ———, *Pontormo : Paintings and Frescoes* (New York, 1993)
- Oppé A. E., *Raphael* (London, 1970)
- Pedretti C., *Raphael : His Life and Work* (Florence, 1989)
- Peter Streider, *Dürer* (London, 1982)
- Popham A. E. (rev. ed.), *Notebooks of Leonardo* (Oxford, 1994)
- Schoeck R. J., *Erasmus of Europe* (Edinburgh, 1990)
- Sgarbi V. (trans.), *Carpaccio* (New York, 1995)

드로잉

- Bean J. (ed.), *Fifteenth- and Sixteenth-Century Italian Drawings* (New York, 1982)
- Byam J. Shaw, *Drawings by Old Masters at Christ Church*, Oxford, 2vols., (Oxford, 1976)

  ———, *Italian Drawings in the Frits Lugt Collection*, 3vols., (Paris, 1983)
- exhibition catalog, *Renaissance Drawings from the Uffizi* (New South Wales, 1995)
- Gibbons F., *Italian Drawings in the Art Museum*, Princeton, 2vols., (Princeton, 1977)
- Jaffé M., *The Devonshire Collection of Italian Drawings*, 4vols.,

(London, 1994)

- Turner N., *Florentine Drawings of the Sixteenth Century* (London, 1986)
- Wilde J., *Michelangelo and his Studio* (London, 1975)

동부와 중부 유럽에서의 르네상스의 확산

- Thomas DaCosta Kaufmann, *Court, Cloister and City : The Art and Culture of Central Europe, 1450-1800* (London, 1995)

248

연표

(날짜가 대략적이거나 추측인 경우도 있음)

1260	니콜라 피사노가 피사 세례당의 설교단을 장식하다
1302	단테가 「신곡La divina commedia」을 쓰기 시작하다
1311	두초가 시에나에서 원근법을 이용하다
1334	조토가 피렌체의 공공사업 책임을 맡다
1341	페트라르카가 로마에서 계관시인이 되다
1353	보카치오의 「데카메론Decameron」이 출판되다
1386	초서가 「캔터베리 이야기Canterbury Tales」를 쓰기 시작하다
1390	첸니노 첸니니의 「회화서Book of Painting」
1401	피렌체 세례당의 문 공사를 기베르티가 따내다
1417~1436	브루넬레스키가 피렌체 대성당의 돔 지붕을 완성하다
1435	도나텔로의 「다비드David」
1450	알베르티가 건축에 대한 논문 저술을 시작하다
1455	최초의 인쇄서인 「구텐베르크 성경」 출간
1465	조반니 벨리니와 만테냐가 「정원의 고통The Agony in the Garden」의 회화 작품을 모두 그리다

옮긴이의 말

르네상스라는 용어는 누구나 들어본 적이 있을 것이다. 더욱이 그 대표주자격인 미켈란젤로나 레오나르도, 단테 등의 인물은 그 이름만으로도(사실은 그 이름으로만) 우리에게 익숙하다. 그러나 우리는 이렇게 낯익고 당연하게 여겨지는 것들에 대해 실은 더욱더 무지하다. 「르네상스」는 바로 이런 독자들을 위한 책이다. 르네상스라는 거대한 역사적 현상을 다루기에는 그 분량이 다소 짧아 보이는 이 책에서 작가 폴 존슨은 그 분량을 뛰어넘는 깊이와 재미를 제공한다.

이미 우리 나라 독자들에게도 친숙한 이름인 폴 존슨은 방대한 지식을 바탕으로 역사를 꿰뚫어 보는 통찰력을 바탕으로 르네상스 시대를 수려하고도 경쾌한 문장력으로 그려낸다. 더욱이 그는 객관적이고 중립적인 학자의 태도를 견지하기보다는 나름대로의 평가를 통해 독자에게 주관을 강조하기도 한다.

이 책은 르네상스가 발생할 수밖에 없었던 당대의 경제적인 상황과 기술적인 발전 등의 배경 설명으로 시작된다. 그러나 아무리 도시들이 부유해지고 인쇄술이 발전하였더라도 그 시대에 그런 인물들이 나타나지 않았더라면 르네상스는 불가능했을 것이다. 자연스레 2장부터는 르네상스를 일궈 낸 천재들의 이야기가 펼쳐진다. 문학과 학문을 중심으로 전개되는 2장에서는 단테와 페트라르카, 초서 등의 문학가들이 정치와 종교의 갈등이 첨예화하던 시대에 우뚝 솟아난 과정이 자세하게 그려진다. 국가나 군주의 힘이 문화의 힘으로 결정되던 그 희귀한 시절에는 정치면에서는 더할 나위 없이 잔혹하던 군주들도 이런 작가들에게는 경의를 표하지 않을 수 없었던 것이다.

3장부터 본격적인 이야기가 시작된다. 인간을 어떤 양상이나 상징이 아니라 있는 그대로의 실재로 표현하고자 했던 르네상스의 진수라 할 수 있는 조각 작품을 통해 3장에서는 무엇보다 도나텔로라는 천재가 부각된다. 그는 언제나 혁신적인 기법과 완벽주의적인 작가 정신으로 르네상스의 중심 무대였던 피렌체를 아름답게 빛낸 인물이다. 조각가로서는 미켈란젤로도 빠질 수 없다. 그는 조각뿐만 아니라 건축과 회화에서도 그의 독특한 개성(결점까지 포함하여)을 마음껏 발휘했다. 건축 예술을 다루는 4장은 고딕 형식과 고딕 정신으로 이야기의 실마리를 풀어 나간다. 이젠 북부 유럽의 게르만 문화의 산물이었던 고딕 형식보다는 자기 문화의 뿌리를 바탕으로 하고 싶었던 이탈리아인들에게 르네상스는 너무나 당연했다. 피렌체와 로마, 베네치아 등 이탈리아의 도시 국가들은 새롭고 아름다운 건축 양식을 발전시켰다. 메디치가의 절대적인 후원을 받았던 미켈로초와 브루넬레스키, 그리고 200년이라는 시간 동안 12명이 넘는 건축가와 32명의 교황을 거쳐 완성된 성베드로 성당, 베네치아를 만들어 낸 팔라디오 등이 단순히 겉핥기 식으로 나열되기보다는 간략하지만 심도 있게 분석된다.

이 책에서 가장 많은 부분을 차지하는 5장은 회화의 역사이다. 축소화법과 투시화법, 드로잉, 유화 등 기술적인 요인이 발전하면서 화가들은 평생을 교회의 벽화에만 매달리던 선배들과는 달리 자신의 개성을 발휘할 기회를 얻고 상류층의 독점물이던 회화를 새로이 부상하는 신진 중산층에게까지 퍼뜨릴 수 있었다. 작업장을 중심으로 수많은 화가들이 명멸하던 이 시대의 천재는 단연 레오나르도였다. "그와의 대화는 르네상스 그 자체"라는 평을 들었지만 지나치게 폭넓은 관심과 개인적인 성격으로 문제를 일으키기도 했던 그의 일대기는 위인전보다는 영웅담에 가깝다. 6장은 이탈리아 중심의 이 문화 현상이 유럽의 다른 국가에까지 퍼져 나가는 과정과 그 쇠퇴 과정을 다룬다.

폴 존슨과 같은 문장가의 글을 번역한다는 것은 즐거운 고통이었다. 지금까지 많은 책을 번역했지만 폴 존슨의 압축적이면서도 유려한 문장만큼 옮긴이를 매료시킨 것은 없었다. 그러나 그 문장의 묘미는 결코 번역될 수 있는 차원이 아니라는 것이 옮긴이를 안타깝게 했다. 그의 문장을 하나하나 번역하는 과정은 맑은 계곡의 돌멩이 밑에 숨은 가재를 찾아내는 것과 같은 짜릿함과 가슴 설렘의 연속이었다. 작가의 손에 이끌려 먼 시대의 먼 나라를 헤집고 다니면서 느꼈던 즐거움을 독자들과 함께 할 수 있기를 바라는 마음이다.

이 책의 번역 과정을 인내를 갖고 기다려 준 편집부에 깊이 감사한다. 이 책이 독자들에게 마술처럼 매혹적이었던 그 시대의 문을 열어 주는 작은 열쇠가 되어 준다면 역자로서는 참으로 보람되겠다.

찾아보기